Expression of humility in business Japanese

ビジネス日本語における謙譲表現

タン シンカ
譚 新珂

YUKENSHA

ビジネス日本語における謙譲表現

【目　次】

【目　次】
Contents

第一章　現代日本語における敬語とビジネス日本語　　*1*

1. 研究背景 ……………………………………………………………………… *1*
2. 現代日本語における敬語について ………………………………………… *2*
3. 現代日本語における謙譲表現について …………………………………… *6*
4. ビジネス日本語について …………………………………………………… *8*
5. ビジネス日本語研究の研究対象について ………………………………… *9*

第二章　ビジネス日本語文書における「謙譲表現」について　　*11*

1. はじめに………………………………………………………………………… *11*
2. ビジネス日本語文書における謙譲表現の使用状況………………………… *11*
　2.1 全体の使用状況について………………………………………………… *12*
　2.2 資料Aにおける謙譲表現の使用状況について……………………… *12*
　　2.2.1 資料Aにおける謙譲語Ⅰに属する謙譲表現の使用状況について…… *12*
　　　2.2.1.1 資料Aにおける謙譲語Ⅰ特定形に属する謙譲表現の使用状況
　　　　について……………………………………………………………… *12*
　　　2.2.1.2 資料Aにおける謙譲語Ⅰ一般形に属する謙譲表現の使用状況
　　　　について……………………………………………………………… *14*

2.2.2 資料Aにおける謙譲語IIに属する謙譲表現について…………… 14

2.2.2.1 資料Aにおける謙譲語IIの特定形に属する謙譲表現について… 15

2.2.2.2 資料Aにおける謙譲語IIの一般形に属する謙譲表現について… 15

2.2.3 資料Aにおける謙譲語I兼謙譲語IIに属する謙譲表現について… 16

2.3 資料Bにおける謙譲表現の使用状況について ………………… 16

2.3.1 資料Bにおける謙譲語Iに属する謙譲表現の使用状況について…… 17

2.3.1.1 資料Bにおける謙譲語I特定形の使用状況について ………… 17

2.3.1.2 資料Bにおける謙譲語I一般形に属する謙譲表現の使用状況
について ……………………………………………………… 17

2.3.2 資料Bにおける謙譲語IIに属する謙譲表現の使用状況について … 17

2.3.2.1 資料Bにおける謙譲語II特定形に属する謙譲表現の使用状況
について…………………………………………………………… 17

2.3.2.2 資料Bにおける謙譲語II一般形に属する謙譲表現の使用状況
について…………………………………………………………… 19

2.3.3 資料Bにおける謙譲語I兼謙譲語IIに属する謙譲表現について … 19

3. ビジネス日本語マニュアル本における謙譲表現についての考察 ……… 20

3.1 謙譲語I特定形グループ ………………………………………… 20

3.2 謙譲語I一般形グループ ………………………………………… 25

3.3 謙譲語IIグループ ………………………………………………… 37

4. ビジネス文書マニュアル本における謙譲表現の特徴と現状 ………… 39

5. まとめ…………………………………………………………………… 41

第三章　ビジネス日本語会話における「謙譲表現」について　43

1. はじめに………………………………………………………………… 43

2. 全体の使用状況について……………………………………………… 44

vi

3. 各資料における謙譲語の使用状況について……………………………… 46

  3.1『オレたちバブル入行組』における謙譲語の使用状況について……… 46

  3.2『オレたち花のバブル組』における謙譲語の使用状況について…… 48

  3.3『営業零課接待班』における謙譲語の使用状況について…………… 50

4. ビジネス日本語会話における謙譲語についての考察……………………… 51

  4.1 ビジネス日本語会話における謙譲語Ⅰ特定形について………………… 51

  4.2 ビジネス日本語会話における謙譲語Ⅰ一般形について……………… 52

  4.3 ビジネス日本語会話における謙譲語Ⅱについて……………………… 56

5. 経済小説と異なるジャンルの小説における謙譲表現の使用状況の違い

  について ……………………………………………………………………… 57

  5.1 資料D～Hにおける謙譲表現の使用状況について…………………… 58

6. まとめ…………………………………………………………………………… 60

第四章　ビジネス日本語文書における「～（さ）せていただく」について

65

---

1. はじめに…………………………………………………………………………… 65

2.「～（さ）せていただく」の本来の用法………………………………………… 66

3.「～（さ）せていただく」の拡張的使用……………………………………… 67

4. 調査対象 ………………………………………………………………………… 69

5. ビジネス日本語文書マニュアル本における「～（さ）せていただく」の

  使用状況 ………………………………………………………………………… 69

  5.1 全数調査…………………………………………………………………… 69

  5.2 マニュアル本別の使用状況……………………………………………… 73

    5.2.1『そのまま使える ビジネス文書文例集（ダウンロード特典付き）』…… 73

    5.2.2『「できる！」と言わせるビジネス文書』………………………… 74

    5.2.3『困ったときにすぐ使える！ビジネス文書 書き方＆マナー大事典』…… 76

5.2.4『いちばん伝わる！ビジネス文書の書き方とマナー』……………… 77

5.2.5『すぐに使えて、むだがない商業文の書き方』……………… 79

5.2.6『超早引き！ビジネス文書の書き方 文例500』……………… 80

5.2.7『ビジネスマンのためのワープロ商業文文例集』……………… 82

6. ビジネス日本語文書における「〜（さ）せていただく」が謙譲語B

として使用される傾向 ……………………………………………… 83

7. ビジネス日本語場面での「〜（さ）せていただく」に含まれる

「警告」の意味…………………………………………………………… 85

第五章　ビジネス日本語会話における「〜（さ）せていただく」について

89

1. はじめに……………………………………………………………………… 89

2. 研究内容と方法…………………………………………………………… 91

2.1 調査対象 ………………………………………………………………… 91

2.2 分類方法 ………………………………………………………………… 92

3. 経済小説における「〜（さ）せていただく」の実態調査………………… 96

3.1 全数調査………………………………………………………………… 96

3.2「本来用法」の考察……………………………………………………… 99

3.3「拡張用法」の考察 ……………………………………………………… 101

3.4「変質用法」の考察 ……………………………………………………… 104

4. 形式内に入る語の考察 ……………………………………………………… 108

5. まとめ ……………………………………………………………………… 111

第六章　ビジネス日本語文書における二重敬語「お伺いする」などについて

115

1. はじめに ……………………………………………………………………… 115

2. 二重敬語について……………………………………………………………… *115*

3. 調査対象について……………………………………………………………… *116*

4. マニュアル本における「お伺いする」「お伺いいたす」「お伺い申し
上げる」……………………………………………………………………… *117*

  4.1 全数調査…………………………………………………………………… *117*

  4.2 各マニュアル本別の使用状況………………………………………… *118*

    4.2.1 資料 A の使用状況…………………………………………………… *118*

    4.2.2 資料 B の使用状況…………………………………………………… *119*

    4.2.3 資料 C の使用状況…………………………………………………… *120*

    4.2.4 資料 D の使用状況…………………………………………………… *121*

    4.2.5 資料 E の使用状況…………………………………………………… *123*

    4.2.6 資料 F の使用状況…………………………………………………… *124*

  4.3 全体の使用状況について……………………………………………… *124*

5. ビジネス日本語文書における「お伺いする」「お伺いいたす」「お伺
い申し上げる」についての考察 ………………………………………… *125*

6. まとめ………………………………………………………………………… *128*

第七章　日中謙譲表現についての対照研究   *131*

1. はじめに……………………………………………………………………… *131*

2. 先行研究……………………………………………………………………… *131*

  2.1 現代日本語における「謙譲語」………………………………………… *131*

  2.2 中国語における「敬語」と「謙辞」…………………………………… *132*

    2.2.1 中国語における「敬語」の分類 …………………………………… *132*

    2.2.2 中国語における「謙辞」について ………………………………… *133*

    2.2.3「商務中国語」について……………………………………………… *133*

3. 研究対象 ……………………………………………………………… *134*

4. 商務中国語における謙譲表現について ……………………………… *135*

   4.1 CA『新丝路 商务汉语写作教程』(2009) …………………… *135*

   4.2 CB『卓越汉语 公司实战篇』(2010) ……………………… *136*

   4.3 CC『商务汉语 800 句』(2012) …………………………… *137*

   4.4 CD『卓越汉语・商务写作』上册 (2018) ………………… *137*

   4.5 CE『基础实用商务汉语（第三版）』(2018) …………… *140*

   4.6 CF『商务汉语写作教程』……………………………………… *140*

5. 日中謙譲表現の対照 …………………………………………………… *142*

   5.1 6 資料における謙辞についての考察 …………………………… *142*

   5.2 両言語における使用頻度の差について ………………………… *144*

   5.3『中国語ビジネスレター実例集』についての考察 ………… *147*

6. まとめ ………………………………………………………………… *150*

第八章　ビジネス日本語教科書における謙譲表現について　　*155*

1. はじめに ……………………………………………………………… *155*

2. 本稿で取り上げる資料について …………………………………… *155*

3. ビジネス日本語教科書における謙譲表現の使用状況について …… *156*

   3.1 全体的な使用状況について ……………………………………… *156*

   3.2 資料 A における謙譲表現について …………………………… *157*

      3.2.1 資料 A について ………………………………………… *157*

      3.2.2 資料 A における謙譲表現の使用状況について ……… *158*

   3.3 資料 B における謙譲表現について …………………………… *160*

      3.3.1 資料 B について ………………………………………… *160*

      3.3.2 資料 B における謙譲表現の使用状況について ……… *160*

3.4 資料 C における謙譲表現について………………………………… 162

  3.4.1 資料 C について………………………………………… 162

  3.4.2 資料 C における謙譲表現の使用状況について………………… 163

3.5 資料 D における謙譲表現について………………………………… 164

  3.5.1 資料 D について………………………………………… 164

  3.5.2 資料 D における謙譲表現の使用状況について………………… 164

4. ビジネス日本語教科書における謙譲表現の使用状況………………… 166

5. まとめ………………………………………………………… 169

第九章　ビジネス日本語における「お（ご）…する」「お（ご）…申し上げる」「お（ご）…いたす」について　　173

1. はじめに…………………………………………………………… 173

2. 本研究で取り上げる調査資料について…………………………… 174

3. ビジネス日本語文書マニュアル本における「お（ご）…する」
   「お（ご）…申し上げる」「お（ご）…いたす」の使用状況について…… 174

  3.1 資料①における 3 形式の使用状況について………………………… 177

  3.2 資料②における 3 形式の使用状況について………………………… 179

  3.3 資料③における 3 形式の使用状況について………………………… 182

  3.4 資料④における 3 形式の使用状況について………………………… 184

  3.5 資料⑤における 3 形式の使用状況について………………………… 186

4. 経済小説における「お（ご）…する」「お（ご）…申し上げる」
   「お（ご）…いたす」の使用状況について………………………… 186

  4.1 資料⑥における 3 形式の使用状況について………………………… 189

  4.2 資料⑦における 3 形式の使用状況について………………………… 189

  4.3 資料⑧における 3 形式の使用状況について………………………… 191

  4.4 資料⑨における 3 形式の使用状況について………………………… 191

4.5 資料⑩における３形式の使用状況について ……………………… 191

5. まとめ………………………………………………………………… 193

第十章　終章　結論とこれからの課題 199

1. 本書で得られた結論…………………………………………………… 199

1.1 ビジネス日本語文書における謙譲表現について ………………… 199

1.2 ビジネス日本語会話における謙譲表現について ………………… 200

1.3 ビジネス日本語における「〜（さ）せていただく」について ……… 202

1.4 ビジネス日本語文書における二重敬語「お伺いする」などについて… 204

1.5 日中謙譲表現についての対照研究 ………………………………… 204

1.6 ビジネス日本語教科書における謙譲表現について ……………… 205

1.7 ビジネス日本語における「お（ご）…する」「お（ご）…申し上げる」

「お（ご）…いたす」について ……………………………………… 206

2. これからの課題………………………………………………………… 207

参考文献 ………………………………………………………………… 209

謝辞 ……………………………………………………………………… 220

第一章　現代日本語における敬語とビジネス日本語

1．研究背景

　敬語は日本語の特徴であり、日常生活からビジネスの場に至るまで、あらゆる場面で使用されている。しかし、日本語学習者にとって、敬語は学習が困難な項目である。柴田（1989）は「なぜ「敬語」が難問なのかというと、敬語というものが人間関係を維持したり、あるいは新しい人間関係を開拓したりする言語的手段であるからでしょう。つまり、人間関係というものが極めて複雑で、しかも流動的なものであるということから、ある場面でどういったら正しいか、どう表現したら適切か、という判断は、教科書で文型を覚えただけではできないのです。その場合には人間関係に対する知識や経験が不可欠だからです」と述べている。また、江村（2020）も、「たしかに外国人にとって日本語の「敬語」は学習が困難な教授項目である。それはこの（文法）ルールが、日本語という言語自体の構造上の問題ではなく、日本語母語話者が日本語をどう使用するかという日本語「語用論」上の問題であり、さらに日本語母語話者がその表現の際に言及する人物（複数）についてどういう人間関係の把握の仕方の問題でもあるからである」と述べている。他にも、任（2012）は、「敬語を語彙、文法として覚えていても、コミュニケーションする際、どう使えばいいのかわからない」という学習者の不安が存在するだけでなく、「敬語に自信がないため、教科書に頼って指導を行っている」と語る教師も多いと述べている。

その敬語の中でも、謙譲表現は特に複雑であり、さらに、時代の変遷に伴って変化が激しいものである。宮地（1965）は、「謙譲語は、現在、もっとも誤用されやすい形式で、あるいは衰退の方向にあるかと言われるほどである」と指摘している。さらに「謙譲語の内部構造自体、解明しにくい点を持っている」と述べている。各謙譲表現に適する場面、その表現の背後にあるニュアンスなど、学習者にとっての難関は少なくない。そのため、いかにより正しく現代のビジネス日本語における謙譲表現を理解して習得するかは非常に重要な項目であり、現代の日本語教育にとっての大きな課題となっている。

2. 現代日本語における敬語について

辻村（1977）は、日本語の敬語の起源について、「敬語は古代人の神（人智人力をこえた自然界の存在）に対する畏敬の気持ちに基づいた言葉のタブーや言霊思想から生まれたものと考えられる」と述べている。そして近世までは、敬語は身分の区分などの役割を担い、「身分や役割の固定的な階層を基盤とした、かつての社会にあっては、敬語も、それに応じて固定的で絶対的な枠組みで用いられた」（「敬語の指針」（2007））ものであった。しかし、明治時代になって、士農工商の身分制度がなくなり、敬語の役割もまた変わっていく。現代日本語における敬語について、国語審議会建議「これからの敬語」（1952）の「基本の方針」の条において「これからの敬語は、各人の基本的人格を尊重する相互尊敬の上に立たなければならない。」と述べており、「敬語の指針」（2007）も、「今回の指針においても、「相互尊重」ということの意味・内容を再確認した上で、改めて、将来にわたって敬語が相互尊重の気持ちを基盤として使用されるべきものであることを明示しておく」のように、敬語のこれからのあるべき姿を論じている。

敬語の種類について、上代には尊敬語と謙譲語だけで構成されていたが、

中世になると、丁寧語が現れた。現代日本語における敬語の分類についての研究は多数存在しており、その中で定説として最も受け入れられているのは「尊敬語」、「謙譲語」、「丁寧語」という三分法である。しかし、常に発展・変化している敬語に対して、従来の三分法だけでは説明しきれない部分が増え、改めて再考する必要があると考える研究者も多い。

　宮地（1971）は、敬語を以下のように五つに分けて分類している。

①尊敬語：話題の人やその行為・所有の表現をとおして、話し手がその人への敬意的配慮をあらわす敬語。

　　例：お / ご＋名詞 / 形容詞 / 副詞、お / ご〜になる、〜（ら）れるなど

②謙譲語：話題の下位者と上位者との間の行為の表現をとおして、話し手がその上位者への敬意的配慮をあらわす敬語。

　　例：お / ご〜する、〜（て）いただく　など

③美化語：話題の物事の表現をとおして、話し手が自分のことばづかいの品位への配慮をあらわす敬語。

　　例：お + 名詞　など

④丁重語：話題のものごとの表現を通して、話し手が聞き手への敬意的配慮をあらわす敬語。

　　例：小〜、弊〜、お / ご〜いたす、〜（て）おり　など

⑤丁寧語：話し手が、もっぱら聞き手への敬意的配慮をあらわす敬語。

　　例：です、ます、でございます　など

　また、辻村（1992）は、敬語を以下のように分類している。

①素材敬語：表現素材の把握の仕方についての敬語

　〈1〉動作・状態の主体または客体を上位または下位のものとして捉える敬語

　ア）主体上位語（尊敬語）

　　（a) 客観的主体上位語（主体の動作や状態などを客観的に捉えるもの)

　　例：お / ご〜になる、〜（ら）れる、お / ご〜、〜どの、いらっしゃ

る　など

　　(b) 恩恵的客体上位語（主体の動作を恩恵的なものとして捉えるもの）

　　例：お / ご〜くださる　など

イ）客体上位語（謙譲語Ⅰ）

　　(a) 客観的客体上位語（客体の動作や状態などを客観的に捉えるもの）

　　例：お / ご〜する、お / ご〜申し上げる、承る　など

　　(b) 恩恵的主体上位語（客体に対する動作を恩恵的なものとして捉
　　　えるもの）

　　例：差し上げる、いただく、〜ていただく　など

ウ）主体下位語（謙譲語Ⅱ）

　　例：いたす、まいる　など

〈2〉表現素材を美化する敬語（美化語）

　　例：お天気、ご飯　など

②素材対者敬語（丁重語）：表現素材の把握の仕方を通し表現受容者への
敬意を表す敬語

　〈1〉主体対者上位語（尊敬丁重語）

　　例：〜さま、貴〜、尊〜　など

　〈2〉客体対者上位語（謙譲丁重語Ⅰ）

　　例：お / ご〜いたす

　〈3〉主体下位対者上位語（謙譲丁重語Ⅱ）

　　例：わたくし、小生、愚息　など

　〈4〉素材美化対者上位語（美化丁重語）

　　例：いたす、まいる、申す、いかが　など

③対者敬語（丁寧語）：表現受容者に対して直接敬意を表す語

　　例：です、ます　など

　更に、菊地（1997）は現代日本語における敬語を以下のように分類し
ている。

　①尊敬語　主語〈Ⅱ・Ⅲ人称〉を高める。

「お / ご〜になる」(ナル敬語)、「……(ら)れる」(レル敬語)が代表的だが、他に「なさる・いらっしゃる・おっしゃる・召しあがる・くださる」など

②謙譲語Ⅰ　補語(「…を・…に」など。動作の関係する方面)＜Ⅱ・Ⅲ人称＞を高め、主語＜普通はⅠ人称＞を補語より低い位置付ける。

「お / ご〜する・お / ご申し上げる・申し上げる・存じ上げる・さし上げる・伺う」など

③謙譲語Ⅱ　主語〈Ⅰ人称〉を低め、聞き手に丁重さを示す。

「—いたす・いたす・まいる・申す・存じる・おる」など

　丁重語　謙譲語Ⅱを、とくに主語を低めるわけではなく、単に聞き手に対する丁重さを表すためだけに使う用法。ただし、主語は〈高める必要のないⅢ人称〉でなければならない。

④謙譲語ⅠⅡ　補語〈Ⅱ・Ⅲ人称〉を高め、主語〈Ⅰ人称〉を低め、聞き手に丁重さを示す。

「お / ご〜いたす」のみ。

⑤丁寧語　聞き手に丁寧に述べる

「です・ます」「ございます」や「お暑い」など

　他に、話し手がいわばきれいに述べる美化語や、話し手が改まって述べる改まり語も、敬語に準じるもの(準敬語)もある。

　このように、敬語の分類について、様々な研究があり、分類法も多数存在している。これらの分類法を踏まえて、「敬語の指針」(2007)は、従来の三分法(「尊敬語」、「謙譲語」、「丁寧語」)を更に細分化し、以下のように5つに分けている。

①尊敬語(「いらっしゃる・おっしゃる」型)

相手側又は第三者の行為・ものごと・状態などについて、その人物を立てて述べるもの。

＜該当語例＞いらっしゃる、おっしゃる、なさる、召し上がる、

　　　　　　お使いになる、御利用になる、読まれる、始められ
　　　　　　る　など
②謙譲語Ⅰ（「伺う・申し上げる」型）
　　　　　　自分側から相手側又は第三者に向かう行為・ものごとなどにつ
　　　　　　いて、その向かう先の人物を立てて述べるもの。
　　　　　　＜該当語例＞伺う、申し上げる、お目に掛かる、差し上げる、
　　　　　　　　　　　　お届けする、ご案内する　など
③謙譲語Ⅱ（丁重語）（「参る・申す」型）
　　　　　　自分側の行為・ものごとなどを、話しや文章の相手に対して丁
　　　　　　重に述べるもの。
　　　　　　＜該当語例＞参る、申す、いたす、おる　など
④丁寧語（「です・ます」型）
　　　　　　話や文章の相手に対して丁寧に述べるもの。
　　　　　　＜該当語例＞です、ます
⑤美化語（「お酒・お料理」型）
　　　　　　ものごとを、美化して述べるもの。
　　　　　　＜該当語例＞お酒、お料理　など
　　また、「敬語の指針」（2007）は、従来の3種類と上記の5種類との関
係について、次ページ表1のように示している。
　　なお、現代日本語における敬語の分類は様々であるが、本研究は分類の
妥当性とともに、敬語教育への今後の普及の可能性も考慮にいれて、『敬
語の指針』（2007）の5分類を用いる。

3.　現代日本語における謙譲表現について

　　宮地（1968）は、敬語を5分類し、従来の謙譲語を謙譲語（話題の下
位者の上位者に対する行為をとおして、話し手がその上位者への配慮をあ
らわす敬語）と丁重語（話題のものごとの表現をとおして話し手が聞き手

第一章　現代日本語における敬語とビジネス日本語　　7

表1　現代日本語における敬語の分類（「敬語の指針」（2007）より）

5種類		3種類
尊敬語	「いらっしゃる・おっしゃる」型	尊敬語
謙譲語Ⅰ	「伺う・申し上げる」型	謙譲語
謙譲語Ⅱ（丁重語）	「参る・申す」型	
丁寧語	「です・ます」型	丁寧語
美化語	「お酒・お料理」型	

への配慮を示す敬語）に細分化している。

　菊地（1997）は、謙譲語を謙譲語Aと謙譲語Bに分けている。その内の謙譲語Aは、「話し手が補語を高め、主語を低める」のに対し謙譲語Bは「自分側を低めて述べることによって、話し手が聞き手に対してへりくだった／かしこまった趣、つまり丁重さを現す」というのが最も基本的な用法であると位置付けている。

　『敬語の指針』（2007）は、従来の謙譲語を謙譲語Ⅰと謙譲語Ⅱに分けている。そのうち、謙譲語Ⅰは「自分側から相手側又は第三者に向かう行為・ものごとなどについて，その向かう先の人物を立てて述べるもの。」であると述べているのに対し、謙譲語Ⅱは「自分側の行為・ものごとなどを，話や文章の相手に対して丁重に述べるもの」であると述べている。

　『日本語学大辞典』（2018）では、謙譲語について「学校文法などで用いられた敬語の3分類（尊敬語、謙譲語、丁寧語）の謙譲語は、話し手のへりくだる（自分を低く位置付ける）気持ちを表す語や形式全般を意味する」と記載されている。

　なお、宮地（1968）の2分類（謙譲語・丁重語）と菊地（1997）の2分類（謙譲語A・謙譲語B）に属する語彙は、『敬語の指針』（2007）の2分類（謙譲語Ⅰ・謙譲語Ⅱ）に示した語彙とほぼ一致する。本研究では、

8

上に述べたように、『敬語の指針』（2007）の２分類（謙譲語Ⅰ・謙譲語Ⅱ）
を用いる。

4. ビジネス日本語について

　「ビジネス日本語」という用語はここ数年で使用されるようになったわ
けではなく、二十世紀の60年代（1960年前後）からすでに使用が見られる。
しかし、『日本国語大辞典』（1972）など、当時の辞書には、ビジネス日
本語についての説明は見当たらず、それに対する説明も見られない。
　2000年代に移り、「ビジネス日本語」という語が、術語として定着す
るようになった。『応用言語学事典』（2003）では、「ビジネス日本語」と
いう単語についての説明は見られないが、「ビジネス・ジャパニーズ」と
いう語があり、その説明として「日本のビジネスの場で日本人とのビジネ
スを達成するために、日本のビジネス・コミュニケーションの在り方を踏
まえて使用される日本語の理解とその運用」であることが記載されている。
　しかし、「ビジネス日本語」という用語について、社会全体における理解・
認識が共通のものになっているとは言いがたい。粟飯原（2017）は、「従
来のビジネス日本語モデルでは、多様化する日本社会におけるビジネス接
触場面に対応できないことが見えてくる」と述べており、ビジネス日本語
について、「日本社会で生存する者として必要な日本語のうち、その生を
支える最も典型的な活動である経済活動（ビジネス）に関わる日本語」と
定義している。
　また、ビジネス日本語文書について、現代日本語社会では「社外文書」、「社
交文書」、「社内文書」のように分類されるのが一般的であるが、マニュア
ル本によっては「社内文書」、「社外文書（社交文書）」、「社外文書」のよ
うな分類もあれば、「社外文書」と「社内文書」の２分類を行っている書
籍も確認できる。ただし、「社外文書」と「社内文書」だけで分類するマ
ニュアル本の多くは、「社外文書」を更に「業務文書」と「社交文書」に

分類している。つまり、二分類を行っているマニュアル本も、実は「社外文書」、「社交文書」、「社内文書」の分類に従って編集されていると考えられる。そのため、本研究では「社外文書」、「社交文書」、「社内文書」の３分類に従って研究・考察を行う。

5. ビジネス日本語研究の研究対象について

　本研究は主にビジネス日本語を中心にして、文書と会話両方を取り上げ、謙譲表現の使用実態、使用傾向、使用特徴などについて考察を行う。ビジネス日本語における謙譲表現の調査資料は、ビジネス日本語文書マニュアル本、経済小説、そしてビジネス日本語教科書を対象とする。

　本来であれば実物のビジネス日本語文書や録音、つまり会社間のやり取りをするときのメールや手紙などが対象として最も望ましいが、実物を対象として研究や考察をすることは困難である。それについて、諸星 (2012) では「ビジネス日本語の研究資料として、現実の企業で行われる会話や文書等を対象とすることは研究者の願うところではあるが、企業の秘密保持の観点からこれを調査資料とすることは容易ではない」と述べている。叶希 (2018)、周乗風 (2019)、薛静 (2020)、呉雨 (2021)、朱大江 (2022) などのように、ビジネス日本語マニュアル本やビジネス日本語教科書、または経済小説などの資料を使用して研究を行う先例が存在するものの、基本的には本物の業務メールや手紙を取り上げた研究が見られない。そのため、最も実物に近い、信頼度の高いものは現在市販されている各ビジネス日本語文書マニュアル本やビジネス日本語教科書など、またはビジネス日本語会話が大量に使用されている経済小説などを研究対象として取り上げるのが妥当であると考えられる。

〈参考文献〉

宮地裕（1965）「敬語の解釈：主としていわゆる「謙譲語」とその周辺」『ことばの研究』秀英出版

宮地裕 (1968)「現代敬語の一考察」『国語学』第72集

宮地裕（1971）「現代の敬語」『講座国語史　第五巻　敬語史』大修館書店

日本大辞典刊行会（1972初版）『日本国語大辞典』小学館

辻村敏樹（1977）「日本語の敬語の構造と特色」『敬語』岩波書店

柴田武(1989)「日本語言語学第五回　敬語の網に絡まっている日本人―その一」『月刊日本語』アルク

辻村敏樹（1992）『敬語論考』明治書院

菊地康人 (1997)『敬語』講談社学術文庫

小池生夫（他）(2003)『応用言語学事典』研究社

文化審議会（2007）『敬語の指針』文化審議会答申

諸星美智直（2012）「日本語ビジネス文書学の構想－研究分野と研究法－」『国語研究』第75号

任麗潔（2012）「中国高等教育の専攻日本語教育における「敬語教育」に関する調査報告－学習者・教科書・教師という三つの視点から－」『待遇コミュニケーション研究』第9号113－128

粟飯原志宣（2017）「再考：ビジネス日本語の定義と領域」『ビジネス日本語教育の展開と課題：世界の日本語研究と日本語教育』

日本語学会（2018）『日本語学大辞典』東京堂出版

叶希（2018）『ビジネス日本語における条件表現：日本語教育の観点から』郵研社

周乗風（2019）『ビジネス日本語における感謝表現』郵研社

薛静（2020）『近代日本語教科書における謙譲表現』郵研社

江村裕文 (2020)「日本語の「敬語」：「丁重語」について」『異文化.論文篇』(通号21)

呉雨（2021）『ビジネス日本語における副詞の研究』郵研社

朱大江（2022）『現代ビジネス文書における副詞について：ビジネス日本語教育の視点から』郵研社

第二章　ビジネス日本語文書における「謙譲表現」について

1.　はじめに

　日本語学習者にとって、学んだ敬語を様々な場面で応用して使用することは難しいと考えられる。なかでも、謙譲表現は、学習者には難易度が高く、中級或いは上級の内容として重要視されるべきであると考えられる。しかし、謙譲表現は敬語を構成する重要な部分であり、学習者が謙譲表現を把握することは非常に大切であると考える。特に会社や仕事の場など、いわゆるビジネス場面では、正しい表現や言葉遣いを選び、更にそれを自在に応用することは基本的なことであると認識されている。しかし、ビジネス日本語能力を向上させることが非常に重要であると考えられている一方で、一般の日本語教育ではそれに十分に対応しているとは言い難い。そこで本研究では、まずビジネス日本語文書における謙譲表現の使用実態を把握したいと考える。

2.　ビジネス日本語文書における謙譲表現の使用状況

　本研究はビジネス日本語文書における謙譲表現の使用実態などを考察し、研究・議論を進めることが目的である。
　また、今回取り上げる資料（『最新決定版！CD-ROM 付きビジネス文書基本文例230』オーエス出版（310頁）、『イラストでまるわかり！入社

12

１年目ビジネス文書の教科書』（290頁））を以下便宜上資料Ａと資料Ｂ
として示す。

2.1 全体の使用状況について

今回の考察で、両資料における謙譲表現の用例数は合計2422例である。
そのうち、謙譲語Ⅰは1569例であり、謙譲語Ⅱは689例である。また、
謙譲語Ⅰ兼謙譲語Ⅱ「お（ご）……いたす」の用例数は、164例である。
詳細は以下の表１に示す。

2.2 資料Ａにおける謙譲表現の使用状況について

資料Ａから収集した230件のビジネス日本語文書から、謙譲表現1310
例を抽出し、考察を行う。1310例のうち、謙譲語Ⅰは841例、謙譲語Ⅱ
は364例である。また、謙譲語Ⅰ兼謙譲語Ⅱは105例であり、すべて一
般形「お（ご）……いたす」である。

2.2.1 資料Ａにおける謙譲語Ⅰに属する謙譲表現の使用状況について

今回取り上げた資料Ａにおいて、謙譲語Ⅰの形式と用例数は謙譲語Ⅰ、
謙譲語Ⅱ、謙譲語Ⅰ兼謙譲語Ⅱの３グループの中で最も多く、合計で
861例見られる。そのうち、特定形は８形式、135例であり、一般形は８
形式、726例である。

2.2.1.1 資料Ａにおける謙譲語Ⅰ特定形に属する謙譲表現の使用状況について

表１　資料Ａ、資料Ｂにおける謙譲表現の使用状況

| | 謙譲語Ⅰ | | 謙譲語Ⅱ | | 謙譲語Ⅰ兼謙譲語Ⅱ | 合計 |
	特定形	一般形	特定形	一般形		
資料Ａ	135例	706例	80例	284例	105例	1310例
資料Ｂ	86例	642例	88例	237例	59例	1112例

第二章　ビジネス日本語文書における「謙譲表現」について　　13

　資料Aにおける謙譲語Ⅰの特定形については、「伺う」、「申し上げる」、「存じあげる」、「差し上げる」、「いただく」、「拝～する」(「拝見する」、「拝受する」、「拝察する」、「拝読する」、「拝承する」、「拝聴する」を含む)、「参上する」、「承知する」の8形式が見られる。全体的な傾向としては、社内文書における使用数は少ないという特徴が見られる。社内文書における謙譲語Ⅰの使用について、「いただく」の一形式のみを確認できた。他の7形式のいずれも、社外文書と社交文書でしか使用されていない。また、『敬語の指針』(2007) に、特定形の主な例として挙げられている「お目に掛かる」「お目に掛ける」「御覧に入れる」は、今回の資料Aでは用例を確認することができない。

　詳しい使用状況については、表2に示す。

表2　資料Aにおける謙譲語Ⅰ特定形の使用状況

形式	出現回数			
	社内	社外	社交	総計
伺う	2	7	7	16
申しあげる	0	4	1	5
存じ上げる	0	23	10	33
さし上げる	0	15	3	18
いただく	1	19	0	20
拝見する	0	2	1	3
拝受する	0	9	1	10
拝察する	0	3	4	7
拝読する	0	6	0	6
拝承する	0	0	2	2
拝聴する	0	2	2	4
参上する	0	5	4	9
承知する	0	2	0	2
計：8 (12) 形式	3	97	35	135

2.2.1.2 資料Aにおける謙譲語I一般形に属する謙譲表現の使用状況について

資料Aにおける謙譲語I一般形について、合計706例8形式が確認される。そのうち、最も多く使用されている形式は「お（ご）……申し上げる」であり、396例である。これは資料Aにおける謙譲語I一般形の総数の半分以上を占めている。それに対して、「お（ご）……申す」は最も少ない一形式であり、僅か1例しか確認できなかった。また、「お（ご）……ていただく」と「……いただく」も用例数が少なく、それぞれ4例・7例しか見られない。詳しい使用状況についてまとめたものが、表3である。

2.2.2 資料Aにおける謙譲語IIに属する謙譲表現について

謙譲語II 355例のうち、特定形は4形式、80例であり、一般形は3形式、284例である。全体的にみると、謙譲語Iより用例数が少なく、出現

表3　資料Aにおける謙譲語I一般形の使用状況

形式	出現回数			
	社内	社外	社交	総計
お（ご）……する	41	44	13	98
お（ご）……申し上げる	14	235	147	396
お（ご）……申す	0	1	0	1
……ていただく	7	11	2	20
お（ご）……いただく	4	93	26	123
お（ご）……ていただく	0	4	0	4
……いただく	5	2	0	7
……（さ）せていただく	1	41	15	57
計：8形式	72	431	203	706

した形式も少ないことがわかる。もともと、謙譲語IIは謙譲語Iより形式が少ないということも、このような結果の要因の一つであると考える。

2.2.2.1 資料Aにおける謙譲語IIの特定形に属する謙譲表現について

資料Aにおける謙譲語IIの特定形は合計4形式、80例を確認することができる。社内文書は出現数が最も少なく、5例しか見られない。それに対して、社外文書は最も使用が多く、55例の用例が存在する。社交文書における謙譲語IIの用例は20例である。また、「申す」は、社内文書における使用例が存在しない。詳細を表4に示す。

2.2.2.2 資料Aにおける謙譲語IIの一般形に属する謙譲表現について

「敬語の指針」(2007)によると、現在存在している謙譲語IIの一般形は、「……いたす」のみである。しかし、今回の資料A(表5)では、「……ております」「……てまいる」のような謙譲表現も確認されており、いわゆる謙譲補助動詞として使用される「おる」「まいる」例も存在している。このような用例について、本書では謙譲語IIの一般形として分類する。資料Aにおける謙譲語II一般形について、合計284例見られ、そのうち、社内文書における用例は28例、社外文書における用例は191例、そして社交文書における用例は65例である。

表4 資料Aにおける謙譲語II特定形の使用状況

形式	出現回数			
	社内	社外	社交	総計
いたす	3	19	5	27
申す	0	9	2	11
存じる	1	26	12	39
おる	1	1	1	3
計:5形式	5	55	20	80

表5　資料Ａにおける謙譲語Ⅱ一般形の使用状況

形式	出現回数			
	社内	社外	社交	総計
……いたす	19	89	33	141
……ておる	8	94	29	131
……てまいる	1	8	3	12
計：1形式	28	191	65	284

表6　資料Ａにおける謙譲語Ⅰ兼謙譲語Ⅱの使用状況

形式	出現回数			
	社内	社外	社交	総計
お（ご）……いたす	21	74	10	105
計：1形式	21	74	10	105

2.2.3 資料Ａにおける謙譲語Ⅰ兼謙譲語Ⅱに属する謙譲表現について

　「敬語の指針」（2007）における謙譲語Ⅰ兼謙譲語Ⅱについて、現在では、一般形の「お（ご）……いたす」のみであると述べているため、本研究は一般形の「お（ご）……いたす」だけを取り上げる。資料Ａにおける「お（ご）……いたす」の用例数は105例である。そのうち、社内文書における用例数は21例、社外文書における用例数は74例、社交文書における用例数は10例である。（表6）

2.3 資料Ｂにおける謙譲表現の使用状況について

　資料Ｂの224件のビジネス日本語文書から、謙譲表現1112例を抽出し、考察を行う。そのうち、謙譲語Ⅰは728例、謙譲語Ⅱは325例である。また、謙譲語Ⅰ兼謙譲語Ⅱは59例であり、すべて謙譲語Ⅰ兼謙譲語Ⅱの一般形

「お（ご）……いたす」である。

2.3.1 資料Bにおける謙譲語Iに属する謙譲表現の使用状況について

今回取り上げた資料Bにおいて、謙譲語Iの形式と用例数は謙譲語I、謙譲語II、謙譲語I兼謙譲語IIの3グループの中で最も多く、合計で728例見られる。そのうち、特定形は11形式、86例であり、一般形は6形式642例である。

2.3.1.1 資料Bにおける謙譲語I特定形の使用状況について

資料Bにおける謙譲語I特定形について、「伺う」、「申し上げる」、「存じ上げる」、「さし上げる」、「お目に掛かる」、「いただく」、「拝〜する」（「拝見する」、「拝受する」、「拝察する」、「拝読する」）、「参上する」の7形式の使用が認められる。使用例数は合計で86例である。詳細は次ページ表7に示す。

2.3.1.2 資料Bにおける謙譲語I一般形に属する謙譲表現の使用状況について

資料Bにおける謙譲語I一般形について、社外文書で339例、社交文書で251例、社内文書で52例の合計642例見られる。そのうち、最も多く使用されている形式は「お（ご）……申し上げる」であり（453例）、資料Aと同じ傾向が見られる。資料Aに僅か1例しか現れない「お（ご）……申す」は、資料Bには見られない。（次ページ表8）

2.3.2 資料Bにおける謙譲語IIに属する謙譲表現の使用状況について

資料Bにおける謙譲語IIの用例数は325例である。そのうち特定形は3形式・88例であり、一般形は3形式・237例である。

2.3.2.1 資料Bにおける謙譲語II特定形に属する謙譲表現の使用状況について

資料Bにおける謙譲語IIの特定形は3形式に集中しており、合計88例を確認できる。そのうち、社外文書における用例は最も多く、57例見られるのに対して、社内文書における用例は僅か6例しか見られない。また、

表7　資料Bにおける謙譲語Ⅰ特定形の使用状況

形式	出現回数			
	社内	社外	社交	総計
伺う	2	7	7	16
申し上げる	0	1	0	1
存じ上げる	0	1	0	1
差し上げる	1	4	1	6
いただく	3	19	13	35
拝見する	0	3	0	3
拝受する	0	4	2	6
拝察する	0	3	6	9
拝読する	0	4	0	4
お目に掛かる	0	1	0	1
参上する	0	1	3	4
計：7（11）形式	6	48	32	86

表8　資料Bにおける謙譲語Ⅰ一般形の使用状況

形式	出現回数			
	社内	社外	社交	総計
お（ご）……する	16	22	8	46
お（ご）……申し上げる	21	219	213	453
……ていただく	3	7	0	10
お（ご）……いただく	7	60	12	79
……いただく	2	0	0	2
……（さ）せていただく	3	31	18	52
計：6形式	52	339	251	642

社交文書における用例数は 25 例である。（表 9）

2.3.2.2 資料 B における謙譲語 II 一般形に属する謙譲表現の使用状況について

　資料 B における謙譲語 II 一般形を合計 237 例確認し、そのうち、社内文書における用例は 43 例、社外文書における用例は 121 例、社交文書における用例は 73 例である。（表 10）

2.3.3 資料 B における謙譲語 I 兼謙譲語 II に属する謙譲表現について

　資料 B における謙譲語 I 兼謙譲語 II について、資料 A と同じ理由で、一般形「お（ご）……いたす」だけを取り上げる。資料 B における「お（ご）

表 9　資料 B における謙譲語 II の特定形の使用状況

形式	出現回数			
	社内	社外	社交	総計
いたす	3	8	3	14
申す	0	11	2	13
存じる	3	38	20	61
計：5 形式	6	57	25	88

表 10　資料 B における謙譲語 II の特定形の使用状況

形式	出現回数			
	社内	社外	社交	総計
……いたす	23	61	30	114
……ておる	20	50	31	101
……てまいる	0	10	12	22
計：1 形式	43	121	73	237

表 11　資料 B における謙譲語 I 兼謙譲語 II の使用状況

形式	出現回数			
	社内	社外	社交	総計
お（ご）……いたす	24	14	20	58
計：1 形式	24	14	20	58

……いたす」について、社内文書では 24 例の用例が確認され、最も多く使用されている。それに対して、最も少ないのは社外文書であり、14 例の用例が確認される。また、社交文書における用例数は 20 例である。（表11）

3.　ビジネス日本語マニュアル本における謙譲表現についての考察

3.1 謙譲語 I 特定形グループ
①「伺う」について
　資料 A に見られる「伺う」は合計 14 例で、そのうち、「訪れる」意味の「伺う」は 11 例、「尋ねる」の意味の「伺う」は 0 例、「聞く」の意味の「伺う」は 3 例である。また、14 例のうち、社外文書で使用されている例文は 6 例、社交文書で使用されている例文は 8 例であり、社内文書には用例が見られない。例文の一部を以下に示す。

1. 近々お詫びかたがた、新しい担当者を同行してご挨拶に**伺い**たく存じますので、なにとぞよろしくお願い申し上げます。

　　　　　　　（資料 A －社外文書－ 252 頁－応接不行き届きのお詫び）
　資料 B における「伺う」の用例数は合計で 16 例である。資料 A と違って、社内文書で使用されている「伺う」を 2 例確認したが、いずれも「稟

議書」の場面で使用されている。例文を以下に示す。また、16例のうち、「訪れる」の「伺う」は12例で、「聞く」の「伺う」は6例である。「尋ねる」の「伺う」の用例は1例だけ見られる。

②「申し上げる」について

　資料Aでは、「申し上げる」の用例数は合計401例である。401例のうち、「言う」の意味で使用されている謙譲語Ⅰの特殊形は僅か5例のみである。他の396例はすべて「お・ご」と共起して謙譲語Ⅰの一般形として「する」の意味で使用されている用例である。また、社外・社交での使用はそれぞれ4例・1例であり、社内文書では用例を確認することはできない。資料Bも、特定形の「申し上げる」の用例であり、1例しか見られない。「言う」の意味で使用されている例文の一部を示す。

2. つきましては、まことに**申し上げ**にくいことながら、部品部材等の弊社仕入価を、来る4月1日より一律10％お引き下げ願いたく、皆様方のご協力を懇請いたす次第でございます。

　　　　　　（資料A－社外文書－199頁－納入価格引き下げへの協力依頼）

③「存じ上げる」について

　資料Aにおける「存じ上げる」の用例数は合計33例である。社外文書における「存じ上げる」は23例であり、社交文書における「存じ上げる」は10例である。また、資料Aにおける社内文書では、「存じ上げる」の使用は見られない。例文の一部を以下に示す。

3. 貴社内部のご事情は**存じ上げませんが**、本件の情報や経緯が田沢様には十分伝わっていないように拝察いたします。

　　　　　　　　（資料A－社外文書－241頁－注文取消への抗議）

　また、33例のうち、17例の「存じ上げる」は「大慶（に）」と共起しており、このような組み合わせは文頭でしか現れず、あいさつの定型文として使用されていると考えられる。この形の例文の一部を以下に示す。

4. 拝啓　貴社ますますご隆盛の段大慶に**存じ上げます**。

（資料Ａ－社外文書－250頁－不良品納入のお詫び）

　資料Ｂにおける「存じ上げる」について、僅か1例しか見られない。例文を以下に示す。

5. さて、10月末の貴社へのお支払い分が遅延しております件、誠に遺憾に**存じ上げ**、心よりお詫び申し上げます。

（資料Ｂ－社外文書－104頁－支払い延期の交渉）

　資料Ａでは、「存じ上げる」は、謙譲語Ⅰ特定形の中で最も多く使用されている形式であるのに対して、資料Ｂではほとんど存在していない。更に、「拝啓　貴社ますますご隆盛の段大慶に**存じ上げます**。」のような挨拶の定型文も、資料Ａでは多数確認できるが、資料Ｂでは1例も見られない。

　「存じ上げる」は、「知る」と「思う」の謙譲表現であるが、資料Ａにおける例文のほとんどは「思う」の意味で使用されており、「知る」の意味の「存じ上げる」は僅か3例しか見られず、資料Ｂも、「思う」の「存じ上げる」しか存在しない。このような偏りについて、ビジネス文書場面で使用されている「存じ上げる」だけの特徴であるかどうかは今後確認する資料を増やして考える必要があるが、ビジネス文書場面では、「存じ上げる」を「思う」の意味で使用されることが多いと考えられる。

④「差し上げる」について

　資料Ａにおける「さしあげる」の用例数は18例である。そのうち社外文書で使用されている例文は15例であり、社内文書での例文は3例である。また、表記について、「差し上げる」と「差しあげる」の両方が使用されている。

　社外文書における15例のうち、14例が「お電話（を）」、「お手紙（を）」、「ご連絡（を）」「メール（を）」などの語と共起しており、いずれも連絡行為に関係する文で使用されている。例文の一部を以下に示す。

6. 突然メールを<u>差し上げる</u>ご無礼をお許しください。

　　　　（資料Ａ－社外文書－ 210 頁－新規取引の申し込み 5 （メール））
　また、以下の 1 例は連絡行為ではない場面で使用された例文である。

7. いずれも弊社にご確認されるか、記者の方に<u>差しあげた</u>名刺や会社案
　内をご覧いただくと容易にチェックできることであり、信用ある貴誌に
　はあるまじきことと遺憾に存じます。

　　　　　　　（資料Ａ－社外文書－ 264 頁－記事内容への抗議）
　また、社交文書に見られる 3 例のうち、2 例は「連絡」という行為に繋
がる例文である（上接語は「お電話（を）」「ご連絡（を）」）。「連絡」行為
に繋がらない例文は以下の 1 例のみである。

8. つきましては、永年にわたるご懇情への感謝の意を込めて、下記のと
　おりささやかながら記念の小宴をとり行うとともに、粗餐を<u>差し上げ</u>た
　く存じます。

　　　　（資料Ａ－社交文書－ 268 頁－創業 20 周年記念式典への招待）
　資料Ｂにおいて「差し上げる」の用例数は 6 例であり、そのうちの 5 例は、
はじめて相手との連絡行為に関係する文で使用されている。一部の例文を
以下に示す。

9. 甚だ突然ではございますが、株式会社伊藤研究所の山内様よりご紹介
　を受け、弊社との新規お取引を賜りたくお手紙を<u>差し上げた</u>次第です。

　　　　　　　（資料Ｂ－社外文書－ 107 頁－新規取引の申込）
　以下の 1 例は、例外である。

10. 店長からお詫びの電話を<u>差し上げる</u>とともに、桑原係員には厳しく指
　導した。

　　　　　　（資料Ｂ－社内文書－ 257 頁－消費者からのクレーム）
　この文だけは、ほかの 5 例と違って、先方に対する謙譲語として使用

24

されている。しかし、例8を含め、6例とも、「連絡行為」と何らかの関係がある文で使用されており、単純に「物をあげる」というような例文は資料Bに存在しない。

　以上のように、両資料における「差し上げる」は主に連絡行為に繋がる場合に使用される特徴があると言える。上接語に「お電話（を）」、「お手紙（を）」、「ご連絡（を）」、「メール（を）」などの語がよく現れる原因もこの特徴によるものであると推測できる。

⑤「いただく」について

　資料Aにおける謙譲語Ⅰ特定形の「いただく」は20例確認できるが、そのうち1例は社内文書で使用されており、ほかの19例はすべて社外文書に見られる用例である。社交文書では謙譲語Ⅰ特定形の「いただく」の用例は見られない。例文の一部を以下に示す。

11. さて、本日**いただきました**「請求書内容のご照会」のＦＡＸにつき、
　　次のとおりご回答申し上げます。
　　　　（資料A－社外文書－186頁－請求書内容照会への回答（FAX送信））

　資料Bにおける「いただく」は合計35例である。そのうち、半数以上の用例（19例）は社外文書で使用されているのに対して、社内文書場面では僅か3例しか存在しない。また、社交文書における「いただく」の用例数は13例である。

　また、すべての「いただく」は、「もらう」の意味で使用されており、「食べる」の「いただく」は見られない。ビジネス文書の場面を考えると、「食べる」という動詞自体の出番も少ないため、「食べる」の「いただく」が使用されていない理由はそこにあると考えられる。

⑥「拝〜する」について

　資料Aにおける「拝〜する」の用例数は合計で13例である。そのうち8例は社外文書で、5例は社交文書で確認できる。社内文書ではこの6形式の用例が見られない。また、「拝聴する」は社交文書のみで使用されて

いる。例文の一部を以下に示す。

12. おかげをもちまして滞りなく説明を終え、また貴重なご意見ご要望を
　　数多く**拝聴する**ことができました。

（資料Ａ－社交文書－292頁－説明会段取りへのお礼）

　なお、資料Ａにおける「拝〜」は「……いたす」と共起して「拝〜いたす」
（謙譲語Ⅱ一般形）の形で使用されている例文は多数存在するが、「拝〜す
る」（謙譲語Ⅰ特定形）の用例数は僅か13例しか見られない。資料Ｂも
このような傾向が見られるが、形式は4形式しか見られず、22例の用例
はいずれも社外文書と社交文書場面で使用されている。

3.2 謙譲語Ⅰ一般形グループ

①「お（ご）……する」について

　資料Ａにおいて「お（ご）……する」の用例数は合計で98例である。
そのうち、社内文書・社外文書・社交文書における「お（ご）……する」
の用例数はそれぞれ41例・44例・13例である。この結果から、社交文
書での使用頻度は、社内文書・社外文書より少ないことがわかる。資料Ｂ
における「お（ご）……する」の使用数は46例であり、資料Ａと同じく、
3番目に使用されている謙譲語Ⅰ一般形であるが、今回確認した謙譲語Ⅰ
一般形の全体の約7％を占める。パーセント数から言うと、資料Ａの約
14％よりかなり減少している傾向が認められる。

　また、「お（ご）……する」の表現で使用される動詞の語数は33語であり、
最も多く現れる動詞は「願う」である。しかし、現代日本語では、「お願
いする」という表現は、形式として謙譲語Ⅰ一般形と一致するが、謙譲の
意味が薄いと思われる。例えば下記の例文の場合、「お願いする」をただ
の依頼表現として使用しているため、謙譲意識は含まれていないと考えら
れる。

13. 今後は、開発商品の設計仕様との照合、他社製品との保証値段階での
比較等を通じて候補材料を３〜５点程度に絞り、候補品については実サ
ンプルのご供試を**お願いする**予定です。

（資料Ａ－社交文書－293頁－資料送付へのお礼（メール））

この場合、謙譲の意思を表すためには、「お願いする」の代わりに、「お
願いいたす」や「お願い申し上げる」などの謙譲表現を使用することが普
通であると思われる。本研究では、「お願いする」という形式について、
すでに謙譲の機能が喪失したものであると判断したが、現代ビジネス文書
マニュアル本における謙譲表現の変化が見られるため、敢えて「お願いす
る」を取り上げる。

例えば以下の例文では、謙譲の意はほとんど含まれていないと言える。

14. ただし、"魔の５分間スピーチ"がありますので、心して準備を**お願
いします**。

（資料Ａ－社内文書－98頁－新人歓迎会の案内（社内メール））

15. 私見では、イギリス現法でＡ社の同種事業に携わった田口氏が適任か
と思いますが、ご判断を**お願いします**。

（資料Ａ－社内文書－75頁－海外出張報告書（商社））

この両例文とも、文全体を見ると、発話者側が自分をへりくだっていっ
ない感覚が強く、謙譲の意味が薄いと考えらえる。ただし、下の例16の
ように、文末ではなく、文中で「お願いする」を使用する場合は、例14、
例15のように謙譲意識が低下しているだけではなく、ほかの意図をもっ
て使用されていると考えらえる。

16. なお、製品の品質保持および安全性確保のため、お取引先には製品の
適正な保管・お取り扱い等に関して**お願いする**こともございますので、
貴社におかれましてもご協力のほどなにとぞよろしくお願い申し上げま

す。

　　　　（資料Ａ－社外文書－182頁－製造物責任に関する照会への回答）
　また、例17の文脈をみると、軽い警告の意味が含まれていることがわかる。敢えて「お願いします」を使用して、やや強い言い方によって自分側の主張を相手に伝える働きがあると考えられる。

17. なお、期日までにご提供いただけないときは、遺憾ながら候補商品から除外せざるを得ませんので、ご承知おきくださるよう**お願いします**。
　　　　　　（資料Ａ－社外文書－232頁－商品見本送付の催促（メール））
　このように、「お願する」に関して、すでに謙譲意識が希薄化しているが、謙譲語Ⅰの形式と一致しているため、本稿はそれらを謙譲語Ⅰの一般形「お（ご）……する」として分類し、謙譲意識が喪失した謙譲表現として捉える。「お願いする」だけではなく、他にもこの類いの表現が存在するかどうか、今後確認する必要があると考えられる。
　資料Ａでは、「お願いする」という表現は「お（ご）……する」の中で最も多い表現であるが、資料Ｂにおいては、最も多く共起する動詞は「かける」（11例）である。更に、資料Ｂにおける「お願いする」の出現数は合計で10例であるが、社外文書場面では僅か2例しか見られず、残る8例は全部社内文書場面で使用されており、社内に集中する傾向があると考えられる。
　また、例18のように、「お願いする」の単独使用では、謙譲の度合いが足りない恐れがあるため、後文に「……次第でございます」という表現で更に謙譲の度合いを補強する意図が認められる。

18. つきましては誠に不本意ながら、来る令和〇年1月5日より、別紙の通り価格を改定させていただきたく、皆様にご協力を**お願いする**次第でございます。

　　　　　　　　　（資料Ｂ－社外文書－89頁－価格改定の通知）

それに対して、例19のような社内文書で使用される場合は、謙譲の度合いが低くても問題にならない場合は、「お願いする」を句末で単独使用する例文も存在する。

19. そこで現在当社で利用しているウイルス対策ソフトの利用更新の徹底を改めて**お願いします**。

　　　　（資料B－社内文書－234頁－コンピューターウィルス対策の指示）

　全体的に見れば、「お（ご）……する」の用例は、文中で使用されていることが多い。文末に使用されている例文は、主に社内文書に見られ、そこまでへりくだる必要がない文に集中している。また、一部は社外文書の文末でも使用されているが、発話者側が「お（ご）……申し上げる」を使うほどにへりくだる必要がない立場と考えられる。例を以下に示す。

20. 定員になり次第締め切らせていただき、参加者にはハガキで**ご通知します**。

　　　　　　（資料A－社外文書－149頁－会社説明会開催の案内（メール））

　この例文は、会社側から学生側へのものであり、採用説明会の開催についての通知文である。この場合、発話者側（会社）の立場からしてみれば、「お（ご）……申し上げる」を使用しなくても十分であると考えられる。謙譲の度合いの高い謙譲表現「〜（さ）せていただく」を併用しているが、この例文で使用された「〜（さ）せていただく」は、すでに本来の「恩恵を受ける」と「許可をいただく」から逸脱しており、「宣言」の意で使用されていると考えられる。拙論（2019）では、この類いの「〜（さ）せていただく」について、「「恩恵を受ける／許可を請う」の意味が薄く、あるいは「恩恵を受ける／許可を請う」という相手を特定できない。また、話し手が自分の立場を低くしてある行為（或いはこれからの行為）を相手に伝える。」と述べており、「拡張用法」であると定義づける。これらの特徴から見ると、一部の「お（ご）……する」について、謙譲意識が薄くなっ

ている可能性があると推測している。

　また、「お（ご）……する」について、資料A・資料Bともに、社内文書における用例は多数存在していることから、「お（ご）……する」の謙譲の度合いが全体的に減少している傾向があると考えられる。社内文書は文字通り、社内の意思疎通を達成するためのものであるため、社外文書や社交文書のような相手への敬意を第一位に置く文書ではない。むしろ最低限度の敬語を使用して作成する方が普通であると思われている。「お（ご）……する」が社内文書で多く使用されている理由は、この形式の謙譲の度合いがほかの形式より低いためであると考えられる。実際、「お願いする」のようなすでに謙譲の意思が喪失した表現も存在しており、更に、「お電話する」、「お料理する」など、同じ語形であるが、美化語として使用されているものも存在している。これらの結果をふまえると、「お（ご）……する」全体の敬度が徐々に減少しているのではないかと考えられる。しかし、「お伺いする」のように、二重敬語であるが、誤用ではなく、かなり敬度の高い表現も存在しているため、今の時点ではまだ断言できないと考える。すべての場面における「お（ご）……する」の謙譲意識が希薄化している傾向があると言い切れるかどうか、この点については、更に確認する必要がある。

②「お（ご）……申し上げる」について

　資料Aにおける「お（ご）……申し上げる」について、社内文書における「お（ご）……申し上げる」は非常に使用頻度が少ないのに対して、社外文書と社交文書における「お（ご）……申し上げる」は使用頻度が多い。また、動詞「願う」と共起して「お願い申し上げる」の形で使用されている用例は最も多いが、社内文書での用例数は僅か2例しか見られない。その2例を以下に示す。

21. いかなるご処分にも謹んで服する覚悟でございますので、何ぶんのご決裁を賜りますよう**お願い申し上げます**。

（資料Ａ－社内文書－138頁－進退伺1）

22.家事の都合により、平成××年十月三十一日をもちまして退職いたし
たく、お願い申し上げます。

（資料Ａ－社内文書－141頁－退職願）

　2例とも、部下から上司への文書であり、謙譲意識も高いと考えられる。
「お願いする」と異なり、社内の一般的なやり取りをするような場面では、
「お願い申し上げる」を使用した例文は見られない。「詫びる」「誓う」な
どと共起して、社内文書（特に謝罪文書など）で使用されている場合では、
どの例文も謙譲意識が非常に強く感じられる。普通の日常的な社内連絡や
社内通知などの場合では、「お（ご）……申し上げる」の使用が避けられ
ていると考えることができる。

　資料Ｂにおける「お（ご）……申し上げる」について、「願う」と共起
して「お願い申し上げる」の形で使用されている用例が多数存在しており、
資料Ａと同じ使用傾向が示されている。謙譲の度合いが衰退していると
言われる「お願いする」とは逆で、社内文書場面では僅かしか使用されな
いのに対して、社外・社交場面では用例を多数確認できる。更に、社内文
書で使用されている場合は、顛末書、始末書、進退伺、退職願、辞表など
に集中しており、事務連絡や、社内通知などの場合では「お願い申し上げ
る」の使用を避ける傾向があると考えられる。

　また、両資料とも、「ヨロコブ」と共起して「オヨロコビモウシアゲル」
の形で使用されている例文用例も多数存在している。漢字表記は「お慶び」、
「お喜び」両方存在しているが、意味上の違いは見られない。諸星（2012）は、
ビジネス文書マニュアル本における漢字の使用について、「固有名詞を除
き、用いる漢字は基本的に常用漢字。一般に使われない難しい漢字は避け
る。ただし、「慶ぶ」、「稟議書」など許容されている例外も。」と述べてい
る。また、「お喜び」と表記するものは「遵守型」のマニュアル本である
のに対して、「お慶び」と表記するものは「無視型」のマニュアル本であり、
更に意識せずに使用するものもあると述べている。なお、このような表現

は、いずれも文の最初の挨拶に現れ、挨拶の定型文として定着されていると言える。

23. 拝啓　貴社ますますご清栄のことと**お慶び申し上げます**。

（資料Ａ－社外文書－146頁－意見交換会の案内）

　全体的に言えば、資料Ａにおける「お（ご）……申し上げる」について、謙譲の度合いが高いため、主に社外文書と社交文書に使用されている傾向があると言える。同じ謙譲語Ⅰの一般形に属する表現であるが、ビジネス文書マニュアル本における「お（ご）……する」と「お（ご）……申し上げる」の使用傾向について、すでに大きな違いが存在していると考えられる。

③「お（ご）……申す」について

　この形式について、辻村（1992）の研究によると、明治の後期では、「お（ご）……申す」の用例は非常に多いが、大正期になると、用例が大幅に減少しているという。また、菊地（1997）も、「お（ご）……申す」について、江戸時代に大量に使用されている形であるが、明治期の「お（ご）……いたす」の出現に伴い、使用頻度が次第に減少していくと述べており、現代日本語ではほぼ使用されないものであると考えられるが、資料Ａからは以下の１例が見られる。

24. 拝眉のうえ**ご挨拶申す**べきところ、遠方ゆえとり急ぎ書中にてお願い
　　申し上げます。

（資料Ａ－社外文書－208頁－新規取引の申し込み2)

　新規取引の依頼をする社外文書で、特別な要素は見られない一文である。「拝眉」という表現は他にも数例確認することができるが、「拝眉のうえご挨拶申し上げるべきところ……」「拝眉のうえお礼申し上げるべきところ……」のように、「お（ご）……申し上げる」を使用している。この文だけ、敢えて古風な言い方を用いる理由は著者によるものであると考えられる。

④「……ていただく」

「……ていただく」について、今回用いた資料Aでは合計20例を確認することができる。20例のうち、社内文書に見られる用例は7例、社外文書に見られた用例は11例、社交文書に見られた用例は2例である。

資料Aでは、命令の意味が強い「……ていただく」の用例が見られる。例文を以下に示す。

25. したがいまして、本件商標の使用を**即時停止していただきます**ようご通知申し上げます。

（資料A－社外文書－238頁－商標権侵害への抗議）

文脈を見ると、商標権侵害の件についての文書であるため、相手に敬意を示す必要がないと思われる文書であり、この場合「恩恵の授受」も存在しないと判断できる。しかし、敢えて敬度の高い表現を使用することによって、威圧感を感じさせる効果があると考えられる。

また、資料Bにおける「……ていただく」は、合計10例確認できるが、社交文書では用例を確認することができない（社外文書7例、社内文書3例）。資料Aと同じ用法で、相手に威圧感を与える効果を持つ「……ていただく」の例文は1例存在している。

26. いずれ誤納品にともなう損害については、貴社との契約通りの**賠償していただき**たいと存じますが、今後のお取引のためにも、今回のご納品について、原因の究明と再発防止策を書面で**ご回答いただきたく**、お願い申し上げます。

（資料B－社外文書－127頁－誤発送への抗議）

この例文で使用されている「……ていただく」は、例25の例文で現れたものと同じであると考えられる。要するに、「恩恵の授受」が存在せず、相手に謙譲の意を示す必要がないと思われる場面で、敢えて謙譲の度合いの高い「……ていただく」を使用することによって、自分側の意思を相手

に押し付ける効果をもたらすことができる。

⑤「お（ご）……いただく」について

　資料Aにおける「お（ご）……いただく」の用例数は合計123例であり、社内文書における「お（ご）……いただく」の用例数は僅か4例のみで、ほとんどの用例は社外文書に用いられているものである（90例）。今回確認できた「いただく」系の謙譲補助動詞の中で最も多く使用されている形式である。資料Bにおける「お（ご）……いただく」の用例数は79例である。そのうち社外文書に見られる用例は60例で、最も多く使用されている。また、社交文書・社内文書では、それぞれ12例・7例使用されている。この形式について、謙譲の度合いが高いため、社内文書で使用できる文書は限られていると考えられる。実際、顛末書、病気療養のお届け出などの文書からの用例も確認できる。例文の一部を以下に示す。

27. 現在、サードサプライ社からセラミックコンデンサーの供給を受けていますが、原価率が上昇するため、今後の対策も併せて**ご検討いただきます**ようお願い申し上げます。

　　　　　　　　（資料B－社内文書－267頁－納期遅延の顛末書）

　それ以外の用例もあるが、文書の相手に対する謙譲意識を表すために使用したわけではなく、話題に出てきた人物への謙譲意識を表すために使用されていると考えられる。例文の一部を下記に示す。

28. 今回、平素お世話になっている株式会社川崎スポーツ様のご厚意により、ジョギング用品を市価の3割引で**ご提供いただく**ことになりました。

　　　　　　　（資料B－社内文書－229頁－特別斡旋品案内の回覧）

　今回調査した資料に見られる「お（ご）……いただく」は使用場面と恩恵の有無によって大きく三種類に分けることができると考えられる。一つは、確実に恩恵を受けた場合の「お（ご）……いただく」であり、一つは相手の行為をある種の恩恵と解釈することができる場合の「お（ご）……

いただく」、一つは恩恵の授受が存在せず、単に相手の行為を高くして自分を低くする、最も謙譲語Iの基本的な要素をもつ「お（ご）……いただく」である。それぞれ例文を一つずつ示す。

29. さて、このたびはご丁重なお中元の品を**お贈りいただき**、まことに恐縮いたしております。

（資料A－社交文書－297頁－中元へのお礼）

30. このたびは当社の平成××年度採用試験に**ご応募いただき**ありがとうございました。

（資料A－社外文書－170頁－採用内定通知1（本人用））

31. 睡眠中に発生する○○○成分が脂肪分解酵素を増やすため、就寝前に**お飲みいただく**と効率よく脂肪を分解することが期待できます。

（資料A－社外文書－188頁－消費者からの問い合わせへの回答1
（健康食品））

　例29は、相手から「丁重なお中元の品」という恩恵を確実に受けたと判断できるため、分類1に適すると考えられる。例30は、相手から直接恩恵を受けたわけではなく、むしろ面接に来られる先決条件として、まずは書面選考を通さなければならないので、どちらかというと会社側が恩恵を与える側になると思われる。ただ、「わざわざ時間をかけて面接に来た」という行為を会社側にとってある種の恩恵と考えれば納得できるため、分類2に適すると判断する。例31は、かろうじて「自社の製品を飲用していただいたことがある種の恩恵」と考えれば、必ずしも恩恵授受が存在しないわけではない。

⑥「……（さ）せていただく」について

　「……（さ）せていただく」は資料Aでは合計57例確認することができる。この表現は敬度が高いため、社内文書では僅か1例しか見られない。更に、

社内文書に見られる「……（さ）せていただく」には、本来の意味である「許可を請う」と「恩恵をいただく」のいずれも含まれておらず、「自己宣言」の意味で使用されている用例であると判断できる。例文を以下に示す。

32. 最終的には幹事の独断で**決めさせていただきます**。

（資料Ａ－社内文書－例文 34）

　このような用法について、李（2015）や譚（2019）などに言及があり、「自己主張性」または「攻撃性」を感じ取る「……（さ）せていただく」の拡張的用法であると考えられる。今回の場合は、あくまでも情報を伝える社内文書であるため、「攻撃性」は感じられないが、「一方的な宣告」の意味を強く感じるものとなっている。社外文書にも「宣言」的用法で使用されている例が存在している。

33. さて、弊社では夏季休暇のため、まことに勝手ではございますが下記期間を臨時休業と**させていただきます**。

（資料Ａ－社外文書－ 166 頁－臨時休業の通知）

　この場合、相手に「休業の許可を請う」という意味は含まれていないと考えられる。ただし、休業という行為が許されたことが、相手からの思いやり（恩恵）があってからのものとして捉えれば、かろうじて「……（さ）せていただく」の本来の意味を保つことができたと考えられる。

　資料Ｂにおける「……（さ）せていただく」の用例数は合計 52 である（社外文書 31 例、社交文書 18 例、社内文書３例）。使用傾向は資料Ａと比べて大差は見られず、両資料とも、社外＞社交＞社内の順番になっている。また、資料Ａの場合、「自己主張」「攻撃性」の意味（李 2015）が含まれる、いわゆる「……（さ）せていただく」の拡張的用法（譚 2019）で使用される例文が４例確認されており、いずれも「断り」、「抗議」の場面で使用されている。この類いの例文の一部を以下に示す。

34. 貴社にも種々事情はあろうかと存じますが、取消のお申し出について
は**お断りさせていただきます**。

（資料Ｂ－社外文書－126頁－注文取消への抗議）

　この例文の場合、「攻撃的」であるとまでは言わないが、「自己主張」が
強く感じられる。この場合、本来の用法の「恩恵をいただく」「許可を請う」
は存在しないと言える。

　また、ほかにも、本来の用法以外の「……（さ）せていただく」の用例
が資料Ｂに存在する。例えば、

35. さて、慎重な選考の結果、誠に残念ではございますが、この度は採用
を**見送らせていただく**ことになりました。

（資料Ｂ－社外文書－91頁－不採用の通知）

　例35について、例33ほど「自己主張」や「攻撃性」が強くないが、
この場合は、ただ採用を見送れるという結果を伝えるため、本義の「恩恵
をいただく」「許可を請う」が含まれているとは言い難い。

　林（1973）『敬語講座　第6巻（現代の敬語）－座談会「現代敬語の
問題点と敬語の将来」（司会：大石初太郎、出席者：奥山益朗、北原保雄、
沢田允茂、戸塚文子）』では以下のような会話が見られる：

奥山：「本日休業させていただきます」ね。これは、私は三代目の江戸ッ
　　　子なんですけれども、少なくとも戦前は言わなかったことばですね。

戸塚：言わないですね。「本日休業仕り候」。

大石：「……させていただく」がビックリするような場面も、もちろんあ
　　　りますけれどもね、「……させていただく」とまで言わなくたって
　　　いいじゃないか、と思うような言い方がありますね。

　これによると、東京では、「休業させていただきます」を使用する前に、「本
日休業仕り候」を使用するのが一般的であったと考えられる。菊地（1997）
は、このような例文について「実際には許可など関係なく、店が勝手に休
むのだから、「休業いたします」でもよいところであろうが、この方が、

許しを乞うているようで、敬度が高い印象を与える感覚なのだろう」と述べている。松本（2008）は、このような「〜（さ）せていただく」は昭和30年代以降に激増していると指摘している。譚（2020）では、「「恩恵を受ける／許可を請う」の意味が薄く、あるいは「恩恵を受ける／許可を請う」という相手を特定できない。また、話し手が自分の立場を低くしてある行為（或いはこれからの行為）を相手に伝える場合の用法。」と述べており、「……（さ）せていただく」「拡張用法」として分類している。

3.3 謙譲語Ⅱグループ

「申す」について、今回の資料Aと資料Bに見られる用例の中で、「名前＋と＋申します）」の例が多数見られる。また、資料全体を見ると、「名前＋と＋申します）」を使用しているのは、初対面の場合だけである。例文の一部を以下に示す。

36. 東西精密工業の永野と**申します**。

　　　　　　（資料A－社外文書－211頁－テナント出店の申し込み）

これに関して、菊地（1996）も、初対面の場合は適切であるが、毎回電話などをする時に「名前＋と＋申します）」を使用すると変になると述べている。

また、資料Aにおいて、見舞状や弔いなどは、自己紹介ではない「申す」を使用する例文が集中的に出現している。自己紹介ではない「申す」はこのような場合に使用されている。

37. まことに不慮の災禍と**申す**ほかなく、ご同情に堪えません。

　　　　　　　　（資料A－社交文書－289頁－取引先紹介へのお礼）

「存じる」について、元々は「知る」「思う」の謙譲表現であるが、今回の調査では、「知る」の意味の「存じる」は1例も確認できず、すべてが「思う」の意味で使用されているという特徴がみられた。更に、「存じる」は

社外文書と社交文書における用例は大量に確認できたが、社内文書における「存じる」は、僅か4例しか存在しないことから、「存じる」のビジネス文書マニュアル本における使用傾向は、社外・社交場面で多く使用されているのに対して、社内場面では使用されない傾向があると言えよう。例文の一部を以下に示す。

38. なお、先にお電話にてお伝えいたしましたように、近々参上のうえ詳細をお打ち合わせいたしたく**存じます**が、とりあえずご要望のありました下記冊子・書類を同封いたしますので、ご査収のほどよろしくお願い申し上げます。

　　　　　　　　（資料Ａ－社外文書－214頁－新規取引申し込みの承諾）
　今回の調査における「おる」は、謙譲動詞の「おる」は僅かしか使用されておらず、ほとんどの「おる」は謙譲補助動詞「ておる」の形で使用されている。例文の一部を以下に示す。

39. 笹本です。文献調査のため事務棟図書室に**おります**。

　　　　　　　　　　　　（資料Ａ－社内文書－67頁－離席メモ2）

　謙譲語Ⅱ特定形の「参る」について、今回の調査における用例は見られないが、例40のように、謙譲補助動詞の「……て参る」を34例見られた。そのうち33例は社外文書と社交文書に見られるのに対して、社内文書では1例しか見られず、使用傾向上の偏りが著しい表現である。

40. 今後は二度とこのような手違いがないよう、厳重に注意して**まいります**。今回の件はなにとぞご海容くださいますようお願い申し上げます。

　　　　　　　　（資料Ｂ－社外文書－120頁－支払い延期のお詫び）
　また、「いたす」について、金（2020）は『国会会議録』を調査して、「いたす」の用例数は「おる」「……ておる」より少ないが、二番目に多く使用されている「丁重語」（いわゆる謙譲語Ⅱ）であると述べている。それに対して、今回の考察では、「いたす」の用例数は「おる」よりはるかに

少なく、多い順から言えば3番目であった。例文の一部を以下に示す。

41. お客様からの問い合わせもあり、当店と**いたしまして**も入荷を心待ち
にしております。

（資料B－社外文書－150頁－増産予定の確認）

4. ビジネス文書マニュアル本における謙譲表現の特徴と現状

　本章では、ビジネス文書マニュアル本で使用されている謙譲語について、
例文を整理して考察を行った。さらに考察を深めるべき点もあるが、それ
ぞれの表現の使用上の特徴を確認することができたと考えられる。今回の
調査における全体的な結果としては、ビジネス文書マニュアル本に出現す
る謙譲表現について、謙譲語Ⅰが多く使用されているという特徴があるこ
とを明らかにした。もともと、謙譲語Ⅰの方が形式の種類が多いというこ
ともその結果に関係する要素であると考えられるが、それ以外にも謙譲語
Ⅰと謙譲語Ⅱの機能上の違いもこの結果に大きく関与していると考えられ
る。謙譲語Ⅱは相手を高めることはできないため、敬度の高さが求められ
るビジネス文書マニュアル本では、謙譲語Ⅰを使用する方が相手への敬度
の高さをより表現できると考えられる。
　考察した各表現形式の特徴をまとめると、「お（ご）……する」と「お
（ご）……申し上げる」の共通特徴として、「願う」と組み合わせて使用さ
れる用例が多いことが指摘できる。しかし、両者の謙譲の度合いについて、
大きな差が存しており、特に「お（ご）……する」＋「願う」の場合、謙
譲の度合いは非常に低く、謙譲表現として認識することができない例文が
存在する。語形だけを見れば、謙譲語Ⅰの一般形に見えるが、用法から言
えば、謙譲意識が喪失しているように見える例文は多く存在している。ま
た、社内文書では、「お（ご）……する」は「お（ご）……申し上げる」
より多く使用されている傾向が見られる。現代社会におけるビジネス文書

マニュアル本は、「お（ご）……する」の謙譲意識が薄くなっていく可能性があることを示唆していると言えよう。それに対して、一般形の「お（ご）……申し上げる」について、全体的な用例数は「お（ご）……する」より多く見られる。特に社外文書や社交文書において、「お（ご）……申し上げる」は多数用いられており、使用傾向に偏りが存在している。これは、「社外文書」と「社交文書」に対して、より高度な敬度が求められるため、「お（ご）……する」だけでは足りないという認識が原因であると思われる。

　また、近年では、「上司や目上に対して使用したら失礼な表現になる」と思われている謙譲補助動詞「……て差し上げる」について、今回の調査では確認できなかった。謙譲動詞「差し上げる」を使用した例文は見られるが、特に違和感は認められない。但し、初対面の相手へのメールや手紙を書く時の定型の文として使用されるのが主であり、ビジネス文書マニュアル本で使用されている「差し上げる」の特徴と言えよう。この類いの用法と類似している「あげる」系の表現は他にも存在している。例えば「存じ上げる」は「大慶（に）」と共起して、文書の冒頭でしか現れず、定型の挨拶文として使用されている例文も多数存在している。

　更に、「……ていただく」や「……（さ）せていただく」など、場合によって発話者側（文書の差出人側）から「自己主張性」や「攻撃性」などを感じ取ることができる表現も存在している。

　「V＋いただく」に、外来語カタカナ語と組み合せて使用されている例文が存在しており、今回の考察した例文の中でも、唯一無二の例文である。下に示す。

42. 当社との良好な関係をより密にするため、デュッセルドルフにて先生**をアテンドいただきたく**、当社駐在員へのご依頼のほどよろしくお願いします。

（資料Ａ－社内文書－110頁－アテンドの依頼（海外駐在員宛めーり））

従来であれば、日本語の敬語をイメージすれば、和語や漢語の使用が一

般的であると想像されるが、例42のように、外来語のカタカナ語＋謙譲
表現のような奇妙な組み合わせも既に使用されていることは近年の新たな
特徴であると言える。

　金（2020）の国会会議録を対象とした丁重語（謙譲語Ⅱ）についての
研究では、「おる」（「……ておる」を含める）の用例数は最も多く、その
次に見られるのは「いたす」である。しかし、今回のビジネス文書マニュ
アル本を対象とした研究では、「おる」（「……ておるを含める」）は最も多
く使用されている謙譲語Ⅱで、「存じる」は二番目に多く使用されている
表現であり、ビジネス文書マニュアル本独自の使用傾向は存在すると考え
られる。

5. まとめ

　今回は、現代社会における謙譲表現の使用状況を把握し、それぞれの形
式の特徴を明らかにした。しかし、今回考察できていない形式もあるため、
今後は考察資料と考察項目を増やして、ビジネス日本語文書における謙譲
語の全貌を確実に掴む必要がある。特に、謙譲語Ⅱについては、なお考察
の余地があり、特に「……（さ）せていただく」のような、謙譲語Ⅱ化す
る可能性を持つ謙譲表現について、更に考察する必要があると考えられる。
　また、一部の謙譲表現について（「……てさしあげる」「……（さ）せて
いただく」など）、現代社会では、どのような変化があるのかを明らかに
するために、アンケート調査などを行う必要があると考えられる。
　「お（ご）……する」について、小松（1967）は、「お（ご）……する」
は明治20年ぐらいまでに既に使用が見られており、明治30年初期に成
立したと述べている。田中（2002）も、明治30年代になって、一般化
したものであると指摘している。では、ビジネス文書における「お（ご）
……する」について、どのように発展してきたのか。歴史的な変化も含め
た研究を深める必要がある。

〈参考文献〉

小松寿雄（1967）「「お…する」の成立」『国語と国文学』44

林四郎　他（1973）「現代敬語の問題点と敬語の将来（座談会　司会：大石初太郎　出席者：奥山益朗、北原保雄、沢田允茂、戸塚文子）」『敬語講座　第6巻（現代の敬語）』明治書院

辻村敏樹（1992）『敬語論考』明治書院

菊地康人（1997）『敬語』講談社学術文庫

菊地康人（1997）「変わりゆく「～（さ）させていただく」」『特集　ポライトネスの言語学―敬語行動の今を探る』大修館書店

田中章夫（2002）『近代日本語の語彙と語法』東京堂出版

文化審議会（2007）『敬語の指針』文化審議会答申

松本修（2008）「東京におけるさせていただく」『国文学』第92巻

諸星美智直（2012）「日本語ビジネス文書学の構想－研究分野と研究法－」『国語研究』第75号

李護珍（2015）「衆議院における「させていただく」の使用実態とその用法の変化について―『国会会議録検索システム』を利用して―」『日本語学会2015年度秋季大会予稿集』

譚新珂（2019）「ビジネス日本語文書における「～（さ）せていただく」について：ビジネス日本語マニュアル本を中心に」『国学院大学日本語教育研究』第10号

譚新珂（2020）「ビジネス日本語会話における「~（さ）せていただく」について：経済小説を中心に」国学院大学日本語教育研究　第11号

金美貞（2020）「国会会議録における丁重語の使用実態」日本語文學（90）

〈調査資料〉

資料A　志田唯史（2003）『最新決定版！CD-ROM付きビジネス文書基本文例230』オーエス出版

資料B　西出ひろ子（2020）『イラストでまるわかり！入社1年目ビジネス文書の教科書』プレジデント社

第三章　ビジネス日本語会話における「謙譲表現」について

1. はじめに

　筆者は、経済小説を資料として、ビジネス会話における謙譲語の使用を観察した。その結果，ビジネス会話にあらわれる謙譲語は，第二章で調査したビジネス文書にあらわれる謙譲語と比較して、あらわれる語に違いが見られたり、同じ語があらわれる場合でも使用頻度に違いが見られたりすることが明らかになった。本章では、以下、このことを明らかにする。ビジネス会話における謙譲語の観察を主とし、必要に応じてビジネス文書における謙譲語[1]との相違について触れる。

　今回の研究対象として取り上げるのは以下の小説の中の会話文である。

①池井戸潤『オレたちバブル入行組』(2003『別冊文藝春秋』連載、2007 文春文庫)

②池井戸潤『オレたち花のバブル組』(2006『別冊文藝春秋』連載、2010 文春文庫)

③安藤祐介『営業零課接待班』(2008 講談社単行本、2012 講談社文庫)

　今回取り上げる作品の主人公は銀行員、会社員であり、いわゆるビジネスパーソンの設定である。更に、物語自体についても、ビジネス場面の描写シーンが多く存在し、ビジネス日本語会話シーンが多く登場する。

---

[1] 譚 (2023) でビジネス文書における謙譲語の調査に用いた資料は次の通りである。:①志田唯史 (2003)『最新決定版！CD-ROM 付きビジネス文書基本文例230』オーエス出版　②西出ひろ子 (2020)『イラストでまるわかり！入社1年目ビジネス文書の教科書』プレジデント社

2．全体の使用状況について

　今回取り上げる3資料の会話文における謙譲語の出現総数は438例である。そのうち、謙譲語Ⅰの出現数は343例であり、謙譲語Ⅱの出現数は86例である。また、謙譲語Ⅰ兼謙譲語Ⅱ[2]の出現数は9例である。3資料のいずれについても、謙譲語Ⅰが謙譲語Ⅱより多く使用されており、謙譲語Ⅰ兼謙譲語Ⅱの用例は非常に少ない。詳細を表1に示す。

　表1で「特定形」とは、「訪ねる⇒伺う」「言う⇒申し上げる」「もらう⇒頂く」などのように、特定な語形によるものである。それに対して、「一般形」とは、「お（ご）…する」「お（ご）…申し上げる」「お（ご）…いたす」などのように、多数の語が適用される一般的な語形である。

　謙譲語の各形式の用例数及び使用場面について、次ページ表2に示す。全体的に、謙譲語Ⅰの使用頻度は謙譲語Ⅱの使用頻度より高い傾向があると言える。譚（2023）のビジネス日本語文書を対象とした研究で抽出した謙譲語と比べると、文書においては、謙譲語Ⅰ特定形「存じ上げる」「差

表1　各資料における謙譲語の出現状況

作品名	謙譲語Ⅰ		謙譲語Ⅱ		謙譲語Ⅰ兼Ⅱ	合計
	特定形	一般形	特定形	一般形		
『オレたちバブル入行組』	30例	49例	3例	18例	2例	102例
『オレたち花のバブル組』	41例	103例	7例	16例	0例	167例
『営業零課接待班』	32例	88例	10例	32例	7例	169例
合計	103例	240例	20例	66例	9例	438例

---

[2] 具体的には「お（ご）……いたす」。文化審議会（2007）は，「お（ご）……いたす」について，この語は「お（ご）……する」（謙譲語Ⅰ）の性質と「いたす」（謙譲語Ⅱ）の性質とを，形態的にも機能的にも合わせ持つとして，「謙譲語Ⅰ兼謙譲語Ⅱ」であるとしている。菊地（1997）にも同様の見方が示されている。

第三章　ビジネス日本語会話における「謙譲表現」について　　45

表2　謙譲語の各形式の用例数及び使用場面

謙譲語 I 特定形			
形式	対外的場面	対内的場面	合計
伺う	22 例	5 例	27 例
申し上げる	17 例	11 例	28 例
存じ上げる	1 例	なし	1 例
差し上げる	なし	1 例	1 例
いただく	21 例	14 例	35 例
頂戴する	3 例	2 例	5 例
承知する	3 例	2 例	5 例
拝借	1 例	なし	1 例
謙譲語 I 一般形			
形式	対外的場面	対内的場面	合計
お（ご）……する	66 例	61 例	127 例
お（ご）……申し上げる	なし	3 例	3 例
お（ご）……いただく	7 例	6 例	13 例
……ていただく	42 例	22 例	64 例
……いただく	1 例	なし	1 例
……（さ）せていただく	26 例	6 例	32 例
謙譲語 II 特定形			
形式	対外的場面	対内的場面	合計
おる	なし	1 例	1 例
申す	7 例	6 例	13 例
参る	2 例	1 例	3 例
存じる	なし	2 例	2 例
いたす	なし	1 例	1 例
謙譲語 II 一般形			
形式	対外的場面	対内的場面	合計
……いたす	10 例	8 例	18 例
……ておる	26 例	18 例	44 例
……て参る	3 例	1 例	4 例
謙譲語 I 兼謙譲語 II			
形式	対外的場面	対内的場面	合計
お（ご）……いたす	5 例	4 例	9 例

し上げる」、謙譲語Ⅰ一般形「お（ご）……申し上げる」の用例が多数出現しているが、会話においては、この3形式の用例数は非常に少ない。また、謙譲語Ⅰ一般形「お（ご）……申し上げる」については、謙譲の度合いが高いため、本来であれば、対外的場面における用例は多数存在すると予想されるが、今回の考察において僅か3例しか確認できず、しかも3例とも対内的場面で使用されている。

謙譲語Ⅱ一般形「……いたす」の用例数も僅か18例しか存在せず、割合では、文書より少ないという傾向が見られる。謙譲語Ⅱ「存じる」と「いたす」は、文書において、社外文書と社内文書（いわゆる対外的場面と対内的場面）の両方から用例を確認できたが、今回の会話を対象とする考察では、対内的場面における用例だけが確認される。

また、出現形式の種類については、会話の方が文書より少ない。例えば、謙譲語Ⅰ特定形である「お目にかかる」「お目にかける」「御覧に入れる」などの形式については、今回の考察において用例を確認できず、会話場面における使用が避けられている可能性があると思われる。（表2）

会話と文書とで出現頻度に大きな差が見られた主な形式については、次ページ表3に示す。

3. 各資料における謙譲語の使用状況について

3.1 『オレたちバブル入行組』における謙譲語の使用状況について

『オレたちバブル入行組』の会話文における謙譲語は合計102例である。そのうち、謙譲語Ⅰは79例（約78%）、謙譲語Ⅱは21例（約20%）、謙譲語Ⅰ兼謙譲語Ⅱ（お（ご）……いたす）は2例（約2%）である。

謙譲語Ⅰ79例のうち、30例は特定形であるのに対して、残りの49例は一般形である。出現形式と出現状況を次ページ表4に示す。使用総数ではなく形式の種類（異なり）を見ると、特定形は7形式、一般形は4形式使用されている。「差し上げる」「承知する」以外の形式はいずれも、

表3　会話と文書とで出現頻度に大きな差が見られた主な形式

形式	会話における出現数	文書における出現数
謙譲語Ⅰ特定形グループ		
存じ上げる	1例	34例
差し上げる	1例	24例
拝〜する	1例	54例
謙譲語Ⅰ一般形グループ		
お（ご）…申し上げる	3例	849例
謙譲語Ⅱ一般形		
…いたす	9例	199例

表4　『オレたちバブル入行組』における謙譲語Ⅰの使用状況

特定形		一般形	
伺う	11例（対外9、対内2）	お（ご）……する	21例（対外20、対内1）
申し上げる	8例（対外6、対内2）	……ていただく	14例（対外14、対内0）
存じ上げる	1例（対外1、対内0）	お（ご）……いただく	6例（対外4、対内2）
差し上げる	1例（対外0、対内1）	……（さ）せていただく	8例（対外8、対内0）
いただく（頂く）	6例（対外6、対内0）		
頂戴する	2例（対外2、対内0）		
承知する	1例（対外0、対内1）		
合計	30例	合計	49例

48

対外的場面の用例のほうが対内的場面の用例より多く存在する。

　謙譲語Ⅱの用例数は合計 21 例である。そのうち、18 例は一般形であり、ほかの 3 例は特定形である。形式の種類（異なり）を見ると、特定形は 1 形式、一般形は 3 形式が使用されている。なお、本資料において、謙譲語Ⅱ特定形「おる」「参る」「存じる」「いたす」の用例は見られない。また、全体的に、謙譲語Ⅱの用例数はかなり少ない傾向が認められる。詳細は次ページ表 5 に示す。

　なお、謙譲語Ⅰ兼謙譲語Ⅱの出現数は 2 例であり、2 例とも対外的な場面で使用されているものである。

3.2　『オレたち花のバブル組』における謙譲語の使用状況について

　『オレたち花のバブル組』の会話文における謙譲語は合計 167 例である。このうち、謙譲語Ⅰは 144 例（約 86%）であり、謙譲語Ⅱは 23 例（約 14%）である。謙譲語Ⅰ兼謙譲語Ⅱについては、本資料において、用例が見られない。

　謙譲語Ⅰ 144 例のうち、41 例が特定形であるのに対して、他の 103 例は一般形である。形式の種類（異なり）としては、特定形は 6 形式、一般形は 5 形式が使用されている。「存じ上げる」「差し上げる」「お目に掛かる」「お目に掛ける」「お（ご）……申し上げる」などの形式は本資料において用例が存在しない。

　出現形式と出現状況を次ページ表 6 に示す。

　謙譲語Ⅱ 23 例のうち、7 例は特定形であり、ほかの 16 例は一般形である。形式の種類（異なり）としては、特定形は 4 形式、一般形は 3 形式が使用されている。特定形の「いたす」は、本資料においては使用されていない。出現形式と出現状況を次ページ表 7 に示す。

　なお、本資料において、謙譲語Ⅰ兼謙譲語Ⅱ「お（ご）……いたす」の使用は見られない。

第三章　ビジネス日本語会話における「謙譲表現」について　　49

表5　『オレたちバブル入行組』における謙譲語Ⅱの使用状況

	特定形		一般形
申す	3例（対外1、対内2）	……いたす	5例（対外5、対内0）
		……ておる	12例（対外8、対内4）
		……て参る	1例（対外1、対内0）
合計	3例		18例

表6　『オレたち花のバブル組』における謙譲語Ⅰの使用状況

	特定形		一般形
伺う	11例（対外8、対内3）	お（ご）……する	56例（対外36、対内20）
申し上げる	16例（対外11、対内5）	……ていただく	30例（対外20、対内10）
頂く	8例（対外6、対内2）	お（ご）……いただく	4例（対外3、対内1）
頂戴する	1例（対外1、対内0）	……（さ）せていただく	12例（対外9、対内3）
承知する	4例（対外2、対内2）	……いただく	1例（対外1、対内0）
拝借	1例（対外1、対内0）		
合計	41例	合計	103例

表7　『オレたち花のバブル組』における謙譲語Ⅱの使用状況

	特定形		一般形
おる	1例（対外0、対内1）	……いたす	2例（対外2、対内0）
申す	2例（対外2、対内0）	……ておる	12例（対外7、対内5）
参る	2例（対外2、対内0）	……て参る	2例（対外2、対内0）
存じる	2例（対外0、対内2）		
合計	7例		16例

3.3 『営業零課接待班』における謙譲語の使用状況について

『営業零課接待班』の会話文における謙譲語は合計169例である。そのうち、謙譲語Ⅰは120例（約71%）、謙譲語Ⅱは42例（約25%）、謙譲語Ⅰ兼謙譲語Ⅱ（お（ご）……いたす）は7例（約4%）である。

謙譲語Ⅰ120例のうち、32例が特定形であるのに対して、残りの88例は一般形である。出現形式と出現状況を次ページ表8に示す。

形式の種類（異なり）としては、特定形は4形式、一般形は5形式が使用されている。また、本資料では「存じ上げる」「差し上げる」「お目に掛かる」「お目に掛ける」「承知する」「お（ご）……申し上げる」などの形式については、用例が見られない。

謙譲語Ⅱの用例数は合計42例である。そのうち、10例は特定形であり、残り32例は一般形である。形式の種類（異なり）としては、特定形は3形式、一般形は3形式が使用されている。なお、今回の調査では、「おる」「存じる」の用例が見られなかった。全体的に見れば、謙譲語Ⅱの用例数は謙譲語Ⅰより少ない。詳細を次ページ表9に示す。

なお、『営業零課接待班』における謙譲語Ⅰ兼謙譲語Ⅱの用例数は7例であり、そのうち3例は対外的場面で使用されているのに対して、4例は対内的場面で使用されているものである。

本資料での使用状況としては、対内的場面で使用されている用例が対外的場面で使用されている用例より多く存在することが特徴である。更に、謙譲語Ⅰ特定形「申し上げる」や、謙譲語Ⅰ一般形「お（ご）……申し上げる」「お（ご）……いただく」などの形式について、本来であれば、謙譲の度合いが高いため、対外的場面において多く使用されるのが一般的であると思われるところであるが、本資料においては、対外的場面における用例は存在せず、対内的場面で使用されている用例のみが確認された。

もっとも、本資料の会話場面は、対内的場面を描写するシーンが対外的場面を描写するシーンよりも多く存在するため、このような結果になった可能性も考えられる。

第三章　ビジネス日本語会話における「謙譲表現」について　　51

表8　『営業零課接待班』における謙譲語Ⅰの使用状況

特定形		一般形	
伺う	5例（対外5、対内0）	お（ご）……する	50例（対外10、対内40）
申し上げる	4例（対外0、対内4）	お（ご）……申しあげる	3例（対外0、対内3）
頂く	21例（対外9、対内12）	……ていただく	20例（対外8、対内21）
頂戴する	2例（対外0、対内2）	お（ご）……いただく	3例（対外0、対内3）
		……（さ）せていただく	12例（対外9、対内3）
合計	32例	合計	88例

表9　『営業零課接待班』における謙譲語Ⅱの使用状況

特定形		一般形	
申す	8例（対外4、対内4）	……いたす	11例（対外3、対内8）
参る	1例（対外0、対内1）	……ておる	20例（対外11、対内9）
いたす	1例（対外0、対内1）	……て参る	1例（対外0、対内1）
合計	10例		32例

4.　ビジネス日本語会話における謙譲語についての考察

4.1　ビジネス日本語会話における謙譲語Ⅰ特定形について

　ビジネス日本語会話における謙譲語Ⅰ特定形の全体的な使用傾向として、「拝見」「拝受」「拝察」「拝読」「拝承」「拝聴」「お目に掛かる」「参上

する」などの表現は、今回の調査では用例が見られない。また、会話における「存じ上げる」の用例が少ない理由として考えられるのは、まず、「思う」意の「存じ上げる」は（書き言葉でも少ないが）会話ではほとんど使用されないことがあげられる。「知る」の意の「存じ上げております」のほうは、会話でも使用される表現であるが、使用場面はかなり限られていると見られ（初対面などの場面などが代表的であろう）、今回現れなかったのは、そういう場面がなかったためであろう。

4.2　ビジネス日本語会話における謙譲語Ⅰ一般形について

　今回の調査で、会話で最も多く使用されている謙譲語Ⅰ一般形は「お（ご）……する」である。「お（ご）……する」71例のうち、最も多く使用されている形式は「お願いする」であり、文書と同じ使用傾向を示している。
　例文の一部を以下に示す。まず、「お願いする」以外の例を示す。

1. ご報告したはずですが…。
　　　　　　　（『オレたちバブル入行組』p.48 －半沢→浅野－対内的場面）
2. ご案内しておりますので。私、河口と申します。
　　　　　　　（『オレたちバブル入行組』p.126 －河口→半沢－対外的場面）
3. そこは想像にお任せします。だけどそれでもまだマシですよ。私なんか、ほとんど仇敵扱いだ。
　　　　　　　（『オレたち花のバブル組』p.96 －板東→半沢－対外的場面）
4. 信用調査をしたかという意味でしたら、もちろんです。お渡しした資料にも添付されています。
　　　　　　　（『オレたち花のバブル組』p.151 －半沢→黒崎－対外的場面）
5. 当社としては別の場所で新たな可能性を追求されることを強くお勧めします。
　　　　　　　（『営業零課接待班』p.13 －町森→真島－対内的場面）
6. お預かりしていたこれは、あなたにお返しします。

（『営業零課接待班』p.40 －井岡→真島－対内的場面）
　以下は「お願いする」の例である。

7. 石沢さん、一言ご挨拶を<u>お願いします</u>。
（『営業零課接待班』p.68 －町森→井岡－対内的場面）
8. それなんですけどねえ。<u>お願いしますよ</u>。
（『オレたち花のバブル組』p.188 －神田→近藤－対外的場面）
9. では、そういうことで。<u>よろしくお願いします</u>。
（『営業零課接待班』p.248 －井岡→参会者－対内的場面）
10. ひとつ手短に<u>お願いしますよ</u>、半沢さん。
（『オレたちバブル入行組』p.49 －波野→半沢－対外的場面）
11. じゃあ、最初にあなたの頭の中に入っているという経営計画を文字と
　　数字に落としてもらえませんか。明日までに<u>お願いします</u>。
12. <u>お願いされても</u>手加減はしないからね。
（『オレたちバブル入行組』p.177 －小木曽→半沢－対内的場面）
13. 松尾は明日にでも霧島証券へ連絡して講師の件を<u>お願いしてみてく</u>
　　<u>れ</u>。
（『営業零課接待班』p.271 －黒田→郷原－対内的場面）

　初めの３例（例７～例９）のように謙譲語性が感じられる例も見られるが、
その次の２例（例10～例11）のように、謙譲の度合いが低いと思われ
る場面で使用されている例文も見られる。これらの例は、謙譲の意思が喪
失しつつある可能性を示唆している。特に例10では、会話文の後の地の
文に「敵意のこもった返事がある。」という描写があり、謙譲の意思は完
全に存在しないと判断できると考えられる。また、例12は相手から自分
への依頼を「お願いする」と述べたもの、例13は相手から第三者への依
頼を「お願いする」と述べたもので、ともに謙譲の意は含まれず、単に依
頼の意をあらわしているだけである。

また、「お（ご）……申し上げる」は僅か３例しか見られず、３例とも『営業零課接待班』における用例であり、すべて対内的場面で使用されているが、この作品は題名からも察せられるように企業の「営業」「接待」をやや誇張して描く作品であるために使用されているとも考えられる。例文を以下に示す。

14. それでは真島さん、何卒前向きにご検討いただきますよう、<u>お願い申し上げます</u>。

（『営業零課接待班』p.13 －町森→真島－対内的場面）

15. 私はとくに下心もなく三顧の礼、いや、十顧の礼で以って<u>お願い申し上げ</u>ていたつもりだったのです。

（『営業零課接待班』p.38 －真島→井岡－対内的場面）

16. まずはこれまでお世話になった社内全ての皆様に心より<u>御礼申し上げます</u>。

（『営業零課接待班』p.351 －井岡→全員－対内的場面）

　『オレたちバブル入行組』では、対内的場面で使用される謙譲語Ⅰ一般形「お（ご）……する」が僅かに１例見られるだけである。この例文は銀行内部の人の間での会話であるが、謙譲意識の対象は会話の相手ではなく、向かう先の人物である。例文を以下に示す。

17. は、はい。どうぞ。おい、半沢君。三階の会議室に<u>ご案内して</u>。

（『オレたちバブル入行組』p.130 －浅野→半沢－対内的場面）

　これは支店長の浅野による主人公の半沢に対することばであるが、「ご案内する」の謙譲対象は主人公の半沢ではなく、国税庁から来た査察の統括官であることがわかる。

　『営業零課接待班』における「お（ご）……する」の用例は、50例のうち40例が対内的場面で使用されている。このような偏りが生じる理由として、『営業零課接待班』は対内的場面の会話シーンが対外的場面より圧

倒的に多いことが挙げられる。『オレたちバブル入行組』、『オレたち花の
バブル組』にも対内的場面の会話シーンが存在するが、他部門とのやり取
りや、上司との論争などのシーンがメインであるのに対して、『営業零課
接待班』の場合、ほとんどは同じ部門の同僚の間の会話であるため、使用
傾向上の偏りが生じたと考えられる。つまり、同じ「対内」でも、作品に
よって謙譲語の使用傾向も異なる可能性があると考えられる。

　また、「～（さ）せていただく」は、謙譲の度合いが非常に高い形式であり、
ビジネス日本語場面ではよく使用されている謙譲語である。菊地（2010）
は、「～（さ）せていただく」の本来用法について、「相手から許可・恩恵
を受ける意味であること」と述べている。今回の調査では、数多くの用例
を確認できる。例文の一部を以下に示す。

18．あの、改めて確認させていただいてよろしいでしょうか。
　　　　　　　　（『営業零課接待班』p.215 －郷原→井岡－対内的場面）
19．パソコンの管理システムについて、真島から概要をご説明させてい
　　ただきます。
　　　　　　　　（『営業零課接待班』p.101 －黒田→下馬－対外的場面）
20．当行で検討させていただけませんでしょうか。
　　　　　　　（『オレたちバブル入行組』p.32 －半沢→東田－対外的場面）

　しかし、「～（さ）せていただく」の用例には、「恩恵をいただく」或い
は「許可を請う」の意味が含まれず、「自己主張」や「宣言」などの意味
で使用されているものも存在する。例文を以下に示す。

21．一応、本件については銀行に戻りまして対応を検討させていただく
　　ことになります。
　　　　　　　（『オレたちバブル入行組』p.54 －半沢→波野－対外的場面）
22．あなた銀行員でしょう。とりあえず、この売上予測の内容をじっく
　　り検討させていただきますよ。結論云々なんて話はそれから！

（『オレたち花のバブル組』p.29 －古里→近藤－対外的場面）

　例 21 については、後文に「半沢は、厳しい言葉を突きつけた。「その際、場合によっては資金を返していただくこともありますから、そのつもりでいてください。」」というような描写があり、相手から「恩恵をいただく」、または「相手の許可を請う」などの意が含まれず、単にこれからの行動を相手に「通告」するために「～（さ）せていただく」を使用していると見られる。また、例 22 は、東京中央銀行から取引先の中堅電機メーカーへ出向した近藤が、東京中央銀行京橋支店融資課課長代理である古里に融資の依頼をし、古里が近藤に難癖を付けるときの会話場面である。「恩恵をいただく」、または「相手の許可を請う」などの意思は含まれないと考えられる。

　譚（2020）では、このような「～（さ）せていただく」について、「恩恵を受ける / 許可を請う」の意味が薄く、あるいは「恩恵を受ける / 許可を請う」という相手を特定できない。また、話し手が自分の立場を低くして、ある行為（或いはこれからの行為）を相手に伝える場合の用法。」と指摘しており、「……（さ）せていただく」の「拡張用法」として分類している。

4.3　ビジネス日本語会話における謙譲語Ⅱについて

　謙譲語Ⅱについて、最も多く現れる形式が「……ておる」である点は、ビジネス日本語文書における使用傾向と一致しているが、全体的に言えば、謙譲語Ⅱの用例数は少ない。金（2020）では、国会会議録を対象にして、丁重語の使用実態について考察し、結果として、「特に「いたす」と「おる」は発言の該当箇所が非常に多く、他よりも頻用される丁重語だと言える」と述べている。また、金（2020）は「「おる」は、（27）存在を表す本動詞としての場合と、（28）「～ておる」という形の補助動詞として用いられる場合があるが、国会会議録の検査結果には、補助動詞としての使用が圧倒的に多い」と述べている。本研究の調査結果でも、「……ておる」の用例数は「おる」より多く見られており、ビジネス日本語会話の場面で

も、同じような使用傾向が存在していることを証明したと言える。

　しかし、今回の考察では、「おる」「……ておる」の用例が多く見られるものの、「いたす」の用例は僅か1例しか存在していない。また、「いたす」の他に、「存じる」の用例もほぼ存在しない。

5. 経済小説と異なるジャンルの小説における謙譲表現の使用状況の違いについて

　現代における小説の種類は様々であるが、本章で経済小説に特化して、調査・考察を行った理由は、経済小説にはビジネス会話文が多数見られるからである。ことにビジネスの現場における会話の謙譲表現の実態がビジネス以外の現代日本語の会話における謙譲表現との相違を検証するために、本節は経済小説以外のジャンルの小説を5冊取り上げて、その中に現れる謙譲表現の使用状況について調査を行う。なお、5冊の小説のテーマはそれぞれ異なるものである。

　本節では以下の5冊の小説を研究対象として取り上げる。

　D　今野敏（2005）『隠蔽捜査』新潮社

　E　重松清（2005）『きみの友だち』新潮社

　F　又吉直樹（2013）『東京百景』角川文庫

　G　理不尽な孫の手（2014）『無職転生 - 異世界行ったら本気だす』
　　　KADOKAWA/メディアファクトリー（小説家になろう（2012初連
　　　載））

　H　新海誠（2016）『秒速5センチメートル』角川文庫

　D～Hの資料は、内容的に見れば、それぞれの特徴があり、「刑事小説」「青春物語」「散文」「ライトノベル」「恋愛小説」のように分けることができる。会話の場面も多岐にわたるため、より説得力のある結果が得られると思われる。

表 10 各資料における謙譲語の出現状況

作品名	謙譲語 I		謙譲語 II		謙譲語 I 兼 II	合計
	特定形	一般形	特定形	一般形		
『隠蔽捜査』(資料 D)	2 例	4 例	3 例	0 例	0 例	9 例
『きみの友だち』(資料 E)	0 例	0 例	0 例	0 例	0 例	0 例
『東京百景』(資料 F)	5 例	0 例	0 例	0 例	0 例	5 例
『無職転生 - 異世界行ったら本気だす①』(資料 G)	0 例	6 例	2 例	1 例	0 例	9 例
『秒速 5 センチメートル』(資料 H)	0 例	4 例	0 例	2 例	0 例	6 例
合計	7 例	14 例	5 例	3 例	0 例	29 例

5.1 資料 D〜H における謙譲表現の使用状況について

　資料 D〜H における謙譲表現の使用状況について、表 10 に示しているように、謙譲語 I の用例数は最も多くて、29 例のうち 22 例は謙譲語 I である。

　しかし、全体的に言えば、どの形式の謙譲表現の用例数も非常に少ない。特に謙譲語 I 兼 II「お（ご）…いたす」について、この 5 冊の小説における用例が見られない。資料 E について、学生時代の物語という設定があるため、生徒→教師の会話場面から、多少でも謙譲表現を使用する会話が見られるのではないかと想定していたが、実際の調査結果では、謙譲表現を使用する会話文が見られず、唯一謙譲表現の用例が存在しない資料である。

更に言えば、資料Ｄ〜Ｈにおける謙譲表現の形式も非常に少ない。謙譲語Ⅰ特定形について「伺う」「申し上げる」の２形式しか見られず、謙譲語Ⅰ一般形について「お（ご）…する」「お（ご）…申し上げる」「…（さ）せていただく」の３形式しか見られない。この点について、資料Ａ〜Ｃの調査結果とは相違することが言える。また、「お（ご）…する」「お（ご）…申し上げる」「…（さ）せていただく」などの形式内に入る語の異なり語数も少なくて、特に「お（ご）…する」の形式内に入る語について、下記の例文のように、大半は「願う」であり、単純に依頼表現や慣用表現として用いる文が多数見られる。

23. お台場まで<u>お願いします</u>。

（『東京百景』-p.239- 自分（客）→運転手）

24. こ、このとこはナイショで<u>お願いします</u>ね。

（『無職転生〜異世界行ったら本気だす』-p.84- ロキシー（師）→ルーデウス）

25. よろしく<u>お願いします</u>。

（『隠蔽捜査』-p.67- 龍崎（刑事）→田端（刑事））

26. 転校に慣れていますが、この島にはまだ慣れていません。よろしくお願いします。

（『秒速５センチメートル』-p.69- 遠野→クラス全員）

「お（ご）…申し上げる」が１例見られるが、特定した聞き手に対する発話ではなく、列車内のアナウンスである。この用法は、資料Ｃにおける３例の「お（ご）…申し上げる」（講演の時に使われる「お（ご）…申し上げる」）と類似していると考えられる。以下は例文である。

27. お客様にお断りと<u>お詫び申し上げます</u>。

（『秒速５センチメートル』p.35- 車内アナウンス）

この調査の結果によると、経済小説における謙譲表現の用例数について、

確かに「文書」と比べるとかなり少ないように見えるが、実際のところ、むしろ経済小説だからこそこれほどの謙譲表現が見られることができたと言えよう。つまり、現代日本語会話における謙譲表現の使用実態を調査するために、経済小説を対象にすることは非常に有意義で、効率よくかつバランスよく用例を集めることができると考えられる。

6.まとめ

　今回考察した経済小説は 3 冊のみであるが、文書における使用状況とは異なる傾向が認められる。例えば、第二章で調査した謙譲語Ⅰ特定形「申し上げる」の用例数は非常に少ないが（両資料合計 6 例）、今回調査した会話では、二番目に多く（28 例）使用されている。一方、謙譲語Ⅰ一般形「お（ご）……申し上げる」は、文書では非常に多く使用されており、社外文書と社交文書（いわゆる対外的場面）で多く使用されている形式であるが、今回の会話を対象とする調査においては、僅か 3 例しか存在せず、しかも 3 例とも対内的場面で使用されている。

　謙譲語Ⅰ特定形「拝見する」「拝受する」「拝察する」「拝読する」「拝承する」「拝聴する」「お目に掛かる」「参上する」などの表現は、今回の調査で用例が見られなかった。第二章の調査では、ビジネス日本語文書においては上記の謙譲語の用例は存在している。この違いから、会話に現れる形式が文書より少ない傾向が存在する可能性があると言えよう。また、本稿における調査では、謙譲語Ⅰ一般形のうち「お（ご）……する」が最も多く使用されている形式であるが、第二章では、文書における謙譲語Ⅰ一般形について、「お（ご）…申し上げる」は半数以上を占めており、最も多く現れる謙譲語Ⅰ一般形である。「お（ご）…する」よりかなり多く存在することがわかる。しかし、会話では、異なる使用傾向が示されている。

　資料別に見ると、やはり資料による使用上の差が見られる。例えば、『オ

レたちバブル入行組』における「お（ご）……する」の用例数は、対外的場面 20 例・対内的場面 1 例であり、かなりの偏りが存在する。それに対して、『営業零課接待班』における「お（ご）……する」の用例数は、対外的場面 10 例・対内的場面 40 例であり、『オレたちバブル入行組』と全く逆の特徴が示されている。また、『オレたち花のバブル組』における「お（ご）……する」の用例数は対外的場面 36 例・対内的場面 20 例であり、他の 2 資料と比べて、中間的な位置にあると言える。これに関して、文書の場合、資料に関わらず、いずれも対外的場面の用例が多いという結果が見られる。

また、文書における謙譲語 I 特定形「差し上げる」については、実際に物のやり取りで使用される用例は多いとは言えず、「お電話」「メール」「お手紙」「ご連絡」などの「連絡行為」に関する語と共起しやすい傾向が見られる。今回の調査で現れる「差し上げる」の用例も、「お電話」との共起が認められるが、あまりにもサンプル数が少ないため（1 例）、用例を増やして考察する必要がある。「お目に掛かる」「お目に掛ける」については、文書と会話ともに調査資料には見られず、この 2 形式の謙譲語は、現代のビジネス日本語場面ではあまり使用されないのではないかとも推測されるが、作者や調査資料数の制約による可能性もあると思われる。

謙譲語 II については、金（2020）の国会会議録を対象として取り上げた研究では、「いたす」が会議録で最も多く現れる形式であるとされているが、今回の調査においては、僅か 1 例しか見られず、使用傾向に相違が認められる。ビジネス日本語会話独自の使用傾向とも考えられようが、この点についても、可能性を指摘しておくにとどめたい。

今回の研究はビジネス日本語会話における謙譲語の使用実態を明らかにするため、ビジネス日本語会話場面が多数現れる経済小説を取り上げた。現代日本語会話における謙譲語の使用は少ないとしばしば指摘されているように、今回の調査結果においても、確かに会話における謙譲語の出現数

は文書における謙譲語の出現数より少ないという傾向は存在すると言える。しかし、ジャンルが多岐にわたる現代文学の中では、むしろビジネス会話を反映した経済小説だからこそ、これほどの謙譲語の用例が見られたと解することもできると考えられよう。本章は単に別ジャンルの小説における謙譲語の使用状況を簡単に調べたが、今後の課題として、ビジネス会話場面以外の会話場面における謙譲語の使用実態との相違点を考察するために、経済小説以外のジャンルの作品を取り上げて、更に詳しく考察して、比較する必要があると考えられる。

〈参考文献〉

菊地康人（1997）『敬語』講談社学術文庫

菊地康人（2010）『敬語再入門』講談社学術文庫

文化審議会（2007）『敬語の指針』（答申）https://www.bunka.go.jp/keigo_tousin.pdf

金美貞（2020）「国会会議録における丁重語の使用実態」『日本語文學』90　日本語文學會（韓国）

譚新珂（2020）「ビジネス日本語会話における「〜（さ）せていただく」について－経済小説を中心に－」『国学院大学日本語教育研究』11　国学院大学日本語教育研究会

譚新珂（2023）「ビジネス日本語文書における「謙譲表現」について－ビジネス日本語文書マニュアル本を中心に－」『國學院大學大学院文学研究科論集』50　国学院大学大学院

〈調査資料〉

・経済小説類

池井戸潤（2003『別冊文藝春秋』初連載）『オレたちバブル入行組』(2007 文庫本)文春文庫

池井戸潤（2006『別冊文藝春秋』初連載）『オレたち花のバブル組』(2010 文庫版)文春文庫

安藤祐介（2010 初出）『営業零課接待班』(2012 文庫版) 講談社文庫

・別のジャンルの小説

今野敏（2005）『隠蔽捜査』新潮社

重松清（2005）『きみの友だち』新潮社

又吉直樹（2013）『東京百景』角川文庫

理不尽な孫の手（2014）『無職転生 - 異世界行ったら本気だす』KADOKAWA/メディアファクトリー（小説家になろう（2012 初連載））

新海誠（2016）『秒速 5 センチメートル』角川文庫

第四章　ビジネス日本語文書における
「～（さ）せていただく」について

1.　はじめに

　グローバル化に伴い、留学に限らず、日本で就職する外国人も急増している。日本の職場で活躍するためには、ビジネス日本語を把握しなければならないとはいえ、外国人学習者はビジネス日本語における謙譲表現を正しく理解して習得することは簡単ではない。特にビジネス日本語文書を作成するとき、学習者が間違った謙譲表現を使うと、業務連絡や会社間のやり取りをするときの支障にもなり得るため、如何により正しく現代のビジネス日本語における謙譲表現を理解して習得することは非常に重要であり、そのため現代ビジネス日本語文書における謙譲表現の使用実態を考察したい。

　謙譲表現は日常生活でよく使用され、勿論ビジネス的な場面にも多用される。特に近年では、謙譲表現の一種として使用される「～（さ）せていただく」について、過剰使用、誤用、拡張用法など、その使用上の変化についてよく議論されている。菊地康人（1997）は「～（さ）せていただく」の使用はその＜恩恵・許可を得る＞という本義が希薄化していると指摘している。また近年では、場合にもよるが、ビジネス日本語文書における「～（さ）せていただく」は本来用法として使われているだけではなく、一方的な行為を「通告」する用法と、発信者側の意思を相手に強く押し付ける、「警告」のように聞こえる用法も見られる。例えばビジネス日本語マニュ

アル本で以下の例文が見られる。

(1) なお、最終納期までにご納入いただけない場合は、誠に不本意ではございますが「SW － 2000」の注文を取り消し、今後のお取引も一切お断りさせていただきますので悪しからずご了解ください。

（『「できる！」と言わせるビジネス文書』未着商品 p.91- 社外文書）

(2) さて本日、下記の書類を送付させていただきましたので、ご確認のうえご査収ください。

（書類送付のご案内 p.36- 社外文書）

　また、以上の例文に限らず、「お送りさせていただく」、「話をさせていただく」「発表させていただく」など、相手に負担や迷惑をかけることもなく、ましてや相手から恩恵にあずかることもない場合における「～（さ）せていただく」の使用も、現代のビジネス日本語文書では数多く見られる。

　茜（2002）は、この言葉遣いに対して、「「へりくだりすぎ」は逆に「隠された押し付け」や「言葉通りの気持ちがこめられていない」ように感じられる場合も少なくない」と指摘している。これらのことを踏まえて、元々は近江商人が使い始めた[1]この「～（さ）せていただく」について、現代のビジネス日本語文書における使用実態を調査する。

2.「～（さ）せていただく」の本来の用法

　菊地（1997）では、「～（さ）せていただく」は「本来〈「そうしてもよい」という恩恵／許可を得て何かを「させてもらう」ことを、恩恵／許可の与え手を高めて述べる〉表現である」と述べられている。また、菊地は、「～（さ）せていただく」を恩恵／許可の与え手を高めて述べる表現であるとして、恩恵／許可の度合いにより以下のように、四つに分類している。

　(I)（本当に）"恩恵／許しをいただく"という場合

---

[1]　定説ではないが、司馬 遼太郎（1990）『街道をゆく〈24〉近江・奈良散歩』、菊地 康人（1997）「変わりゆく「～（さ）させていただく」」『特集 ポライトネスの言語学 -- 敬語行動の今を探る』ではそれに言及がある。

(II)　“ 恩恵／許しを得てそうする ” と捉えられる場合

(III)　“ 恩恵／許しを得てそうする ” と（辛うじて）見立てることができる場合

(IV)　“ 恩恵／許しを得てそうする ” とは全く捉えられない場合

　茜（2002）も、「「させる」は使役形を使った許可を求め、「いただく」は恩恵をうけることを表す謙譲語、「ます」は相手に対する敬意を表す丁寧語で、非常に謙譲の度合いが強い表現である」と指摘している。

　また、宇都宮（2004）は、「〜（さ）せていただく」の構造と本来の意味を次のように規定する：

「〜（さ）せていただく」は、①「ある行動を行う許可を得た表現」

　　＋②「恩恵間接尊重」＋活用語尾という構造を持つ表現である。

「本来の意味」とは、これら①、②の意味と性質である

①．「行動の主体である自分」が「行動に関係する人物（＝行動の許可者）に、ある行動を行う「許可」の意を得る（または得た）」

②．①に「恩恵」を感じ、「行動の許可者」を高くし、「自分」を高くしない、を兼備したものである。

3.「〜（さ）せていただく」の拡張的使用

　『明鏡国語辞典 第二版』(2010)では「〜（さ）せていただく」について、「自分の行為が相手の許容範囲にあるという、へりくだった遠慮がちな気持ちを表す。しばしば相手に配慮しながら、自分の一方的な行動や意向を伝えるのに使われる」と記載している。

　菊地（1994）も、「〜（さ）せていただく」は、発信者側自身の行為を相手に対して辞を低くして述べる一種の複合的な謙譲語として使われている傾向があるとしている。また、前節のように、菊地は「〜（さ）せていただく」を４種類に分け、そのうちの（I）から（III）までは、「程度・好みの問題」（拡大用法であり適切）と論じているが、④については「行き

過ぎ」であり、誤った使用であると論じている。宇都宮（2004）は、「〜（さ）せていただく」の用法を、次のように3タイプに分けている：

①タイプA「本来の意味」の用法

（実質的に）「ある行動を行う許可を得た」という意味＋「恩恵間接尊重」の意味がある場合

「行動の許可者」が、本当に「許可」をした（する）場合。

例：先生にビデオカメラを使わせていただいた。

②タイプB「許容範囲」の用法

「あたかも許可を得た」の意味＋「恩恵間接尊重」の意味があると見立てることが出来る場合

「行動の許可者」が、「許可」をした（する）と見立てることができる場合

例：先日は、お邪魔させていただきありがとうございました。

③タイプC「検討を要する」用法

「あたかも許可を得た」意味＋「恩恵」の意味があると捉えられない場合、「行動の許可者」を特定することができない場合

例：夏休みは沖縄に旅行させていただきます。

タイプAとタイプBは、文法的かつ意味上に特に問題はないが、タイプCについては、「恩恵」も、「行動の許可者」も一切見当たらないため、今の段階では正しい使い方といえるかどうか判断し難い。

本章は、主に菊地（1997）による分類を参考にし、以下のように分類を行う：

〈1〉本来用法、話し手が聞き手（特定できる相手）から恩恵を受け、または許可を請う場合。

〈2〉拡張用法、「恩恵を受ける/許可を請う」の意味が薄く、あるいは「恩恵を受ける/許可を請う」という相手を特定できない。また、話し手が自分の立場を低くしてある行為（或いはこれからの行為）を相手に伝える場合。

〈3〉変質用法、「恩恵を受ける / 許可を請う」の意味は見当たらず、話し手が何かを「宣言」しているように聞こえ、または「攻撃性」「自己主張性」を強く感じられる場合。

4. 調査対象

本章はビジネス日本語文書における「～（さ）せていただく」の使用状況を考察するために、以下のビジネス日本語文書マニュアル本を考察の資料として取り上げる。(70 ページ表 1)

また、「社外文書」（一部は業務文書または取引文書)、「社交文書」、「社内文書」の分類は、各資料が既に世間共通の基準を基づいて分類済みである。「社外文書」は通知、案内、依頼、申し込む、承諾、断る、抗議、反駁、謝罪、催促、回答、勧誘など；「社交文書」はあいさつ、招待、お祝い、お見舞い、紹介、弔事、推薦など；「社内文書」は届出、報告、通知、指示、稟議、企画、回覧、辞令、退職、理由書、レポートなど。

5. ビジネス日本語文書マニュアル本における「～（さ）せていただく」 の使用状況

5.1 全数調査

今回の考察対象であるビジネス日本語マニュアル本のそれぞれの文書数と「～（さ）せていただく」の各分類における用例数を表 2 (72 ページ参照)のように示す。その内、『すぐに使えて、むだがない商業文の書き方』だけは編集の方針で、社内文書が書かれていないため、「～（さ）せていただく」の「社外文書」「社交文書」「社内文書」での使用傾向を判断することが出来ない。他の 6 冊の各場面での使用傾向は 71 ページ表 2 のようにまとめることができる。いずれも「社外文書」での使用が最も多いのに対して、「社内文書」での使用は極めて少ない。

表1　調査資料

	作者	出版年	出版社	タイトル
①	杉崎陽一郎	1977	小学館	『すぐに使えて、むだがない商業文の書き方』
②	ワープロ文書研究会	1989	成美堂出版	『ビジネスマンのためのワープロ商業文文例集』
③	倉澤紀久子	2006	かんき出版	『「できる！」と言わせるビジネス文書』
④	横須賀てるひさ　藤井里美	2008	かんき出版	『そのまま使える ビジネス文書文例集（ダウンロード特典付き）』
⑤	日本語文書研究会	2012	主婦と生活社	『超早引き！ビジネス文書の書き方文例 500』
⑥	神谷洋平	2014	GAKKEN 出版	『困ったときにすぐ使える！ビジネス文書 書き方＆マナー大事典』
⑦	谷綾子	2015	高橋書店	『いちばん伝わる！ビジネス文書の書き方とマナー』

第四章　ビジネス日本語文書における「～（さ）せていただく」について　　71

表2　各調査資料の「～（さ）せていただく」の使用割合

タイトル	社外	社交	社内	用例総数	文書総数
『すぐに使えて、むだがない商業文の書き方』(1977)				43 例	471 件
『ビジネスマンのためのワープロ商業文文例集』(1989)	27 例 (54%)	21 例 (44%)	1 例 (2%)	49 例	388 件
『「できる！」と言わせるビジネス文書』(2006)	27 例 (79%)	6 例 (18%)	1 例 (3%)	34 例	136 件
『そのまま使える ビジネス文書文例集（ダウンロード特典付き）』(2008)	69 例 (92%)	3 例 (4%)	3 例 (4%)	75 例	250 件
『超早引き！ビジネス文書の書き方文例 500』(2012)	38 例 (54%)	20 例 (41 %)	3 例 (4%)	71 例	309 件
『困ったときにすぐ使える！ビジネス文書 書き方＆マナー大事典』(2014)	27 例 (71%)	10 例 (26%)	1 例 (3%)	38 例	330 件
『いちばん伝わる！ビジネス文書の書き方とマナー』(2015)	49 例 (74%)	17 例 (25%)	1 例 (1%)	67 例	311 件

表3　各マニュアル本の用例の分類

タイトル	本来用法	拡張用法	変質用法	総数
『すぐに使えて、むだがない商業文の書き方』（1977）	18例（42%）	6例（14%）	19例（44%）	43例
『ビジネスマンのためのワープロ商業文文例集』（1989）	21例（43%）	12例（24%）	16例（33%）	49例
『「できる！」と言わせるビジネス文書』（2006）	13例（38%）	7例（21%）	14例（41%）	34例
『そのまま使える　ビジネス文書文例集（ダウンロード特典付き）』（2008）	20例（27%）	20例（27%）	35例（46%）	75例
『超早引き！ビジネス文書の書き方文例500』（2012）	30例（42%）	11例（16%）	30例（42%）	71例
『困ったときにすぐ使える！ビジネス文書 書き方＆マナー大事典』（2014）	21例（55%）	8例（21%）	9例（24%）	38例
『いちばん伝わる！ビジネス文書の書き方とマナー』（2015）	30例（45%）	12例（18%）	25例（37%）	67例

　各マニュアル本における用例を第三章の分類Ⅰ、Ⅱ、Ⅲに分類した結果を表3のように示す。『困ったときにすぐ使える！ビジネス文書書き方＆マナー大事典』（2014）以外の調査対象における本来用法は半数以下であり、変質用法は30％以上を占めていることが明らかである。つまり、現代のビジネス文書マニュアル本では、既に「〜（さ）せていただく」の拡張用法をある程度認めていると考えられる。

5.2 マニュアル本別の使用状況

5.2.1『そのまま使える ビジネス文書文例集（ダウンロード特典付き)』

　本書の文書の総数は 250 件、そのうち社外文書は 130 件、社交文書は 50 件、社内文書は 70 件である。250 件の文書のうち「〜（さ）せていただく」の用例の総数は 75 例である。以下のような例が見られる。

（3）つきましては、現状の保守費月額 10 万円を、今後は月額 5 万円にて契約を<u>継続させていただきたく</u>存じます。

（値下げの依頼　p.51- 社外文書）

（4）保証書に案内と製品を同封するようにとのことですので、早速<u>送らせていただきました</u>。

（機械修理の依頼　p.60- 社外文書）

　社交文書の 130 件のうち「〜（さ）せていただく」の用例数は 69 例である。また、本書では、社外文書は照会以外のすべての分類に「〜（さ）せていただく」を含む文書がみられる。

　それに対し、社交文書では「〜（さ）せていただく」が 3 例、社内文書も僅か 3 例しか見られないところから、本書では、「〜（さ）せていただく」は社外文書で多く使用される傾向があるといえる。

　本書では、検出した用例から見ると、必ずしもすべての用例に発信側が受信側から恩恵を受けるか、または許可を請うという関係が存在しているとは言えない。例えば、

（5）つきましては、同社の製品カタログを<u>同封させていただきますので</u>、よろしくお願い申し上げます。

（新商品の案内　p.47- 社外文書）

（6）このたび、採用試験の結果に関して社内で検討を重ねまして、貴校については 1 名合格、1 名は残念ながら<u>不合格とさせていただきました</u>。

（採用試験結果のお知らせ -p.46- 社外文書）

(7) 社内で検討した結果、今回は残念ながら貴社とのお取引は<u>見送らせ</u>
<u>ていただく</u>ことといたしました。

（新規取引依頼の断り -p.79- 社外文書）

　例（5）から例（7）の例文は、それぞれ「製品カタログを同封するこ
とを伝える」、「不合格と言う事実を伝える」「取引を断ると言う結果を伝
える」と解釈できる。また、3例とも、相手に「許可を請う」「恩恵を頂く」
という意味が見られず、「～（さ）せていただく」の本来用法より、「一方
的通告」の意味（変質用法）が強いと考えられる。

　特に例（6）では、発信側は試験を行う方（会社）で、受信側が試験を
受ける方（学校）である。つまりこの場面においては、発信側が受信側か
ら恩恵を受けるか、または許可を請うというような関係が薄く、むしろ受
信側の方（学校）の立場が弱いと考えられる。それにもかかわらず、発信
側（会社）が「～（さ）せていただく」を使用している。「一方的通告」
ではあるが、謙譲語Bとして機能している。

5.2.2『「できる！」と言わせるビジネス文書』

　本書の文書の総数は136件、そのうち社外文書54件、社交文書34件、
社内文書48件である。136件の文書のうち「～（さ）せていただく」の
用例数は34例である。

　本書では、社外文書54件の文書の内27例の「～（さ）せていただく」
が見られ、案内、回答、勧誘、そしてお詫びの4種類の文書には該当す
る例文は見られない。その他の文書における「（さ）せていただく」の用
例数は、社交文書34件のうち6例、社内文書48件のうち1例である。
本書も、「～（さ）せていただく」は主に社外文書で使用される傾向が認
められる。以下は例文の一部である。

(8) さて、突然のお願いで誠に恐縮でございますが、資金融資のお願い
を<u>させていただき</u>たく、このような書状を差し上げました。

（資金融資 -P57- 社外文書）

（9）つきましては、弊社も同見本市に参加させていただきたく、ご依頼
　　申し上げます。

（展示会参加 P69- 社外文書）

　例（8）（9）は、明らかに発信側が受信側に「資金融資の許可」、「展示
会の参加許可」を求める意思が強く、これは「〜（さ）せていただく」の
本来用法であると考えられる。

　また、本書においても拡張用法（謙譲語として機能する、通告する）の
例が見られる。以下は例文の一部である。

（10）新店舗におきましては、コーヒー、お茶のサービスをさせていただ
　　くこととなりました。

（新店舗開設の挨拶 p.111- 社交文書）

（11）さっそく、このたびの価格値下げのご依頼に対して、社内で慎重に
　　検討させていただきました。

（承諾 p.79- 社外文書）

　例（10）は単にこれからの行動を丁寧に相手に伝えていると捉えるこ
とができ、謙譲語Bとして機能していると考えられる。（11）では、受信
側の意志にかかわらず、発信側はある行為を行ったことを伝えているため、
例（10）と同じ、謙譲語Bとして機能している用例であると考えられる。

　更に、本書には、以下の例文のように、「警告」の意味として捉えられ
る用例が幾つか存在する。

（12）なお、14日間の遅延についてのお申し出に関しましては承諾いた
　　しましたが、万が一、さらなる納期の遅れが生じました場合は、不本意
　　ではありますが、違約金を請求させていただくことになりますので、お
　　含みおきください。

（納期遅延 P74- 社外文書）

(13)　なお、最終納期までにご納入いただけない場合は、誠に不本意ではございますが「SW－2000」の注文を取り消し、今後のお取引も一切<u>お断りさせていただき</u>ますので悪しからずご了解ください。

(未着商品 -P91- 社外文書)

　上記の例文では、「～（さ）せていただく」の本来の意味（恩恵を受ける、許可を請う）もしくは拡張用法（通告）とは全く別の意味（警告）で使用されていると考えられる。

　特に例（12）は、文脈から見ればこれは既に最終通達であり、非常に強い意志を示す文書であると考えられる。敢えて「～（さ）せていただく」を使い、一見したところは発信者の立場を多少弱化させているが、実際にはむしろより一層強くこちらの意思を相手に押し付けているように聞こえる。

5.2.3『困ったときにすぐ使える！ビジネス文書 書き方＆マナー大事典』

　本書の文書の総数は330件、その内「～（さ）せていただく」の用例は38例見られる。「（さ）せていただく」の用例数は、社外文書は125件中27例、社交文書では87件中10例で、社内文書においては118件中1例しかみられない。例文の一部を以下に挙げる。

(14)　○月○日出荷分より、対象商品の6缶バック板紙が専用応募はがきを印刷したキャンペーン仕様となり、あわせて宣伝ポスター、商品棚回りPOPも<u>配布させていただき</u>ます。

(キャンペーンの案内 p.88- 社外文書)

(15)　さて、弊社の決算期が○月○日に迫りましたので、売掛金残高を確<u>認させていただきたく</u>、ご照会申し上げます。

(残高の照会 p.103- 社外文書)

　本書においても社外文書で「～（さ）せていただく」が一番多く使用されていることが判明している。また、次の例文のように、

(16) つきましては、新しいとのスタートにあたり下記のとおりご会食の
　　席をご用意させていただきました。

（新年会の招待状 P185- 社交文書）

(17) 早速ですが、標記お見積もりの件、社内にて検討いたしました結果、
　　誠に遺憾ながら辞退させていただくこととなりました。

（見積もりの断り p.133- 社外文書）

「通告」の用法で使用されている例文も幾つか存在する。

　ただ、本書における「～（さ）せていただく」の出現総数は、今回考察
を行った 2005 年以降に出版されたビジネス文書マニュアル本の中では最
も少ない。その理由として、近年、「～（さ）せていただく」の使用につ
いての指摘が多いため編集上の方針変更がなされたという可能性も考えら
れる。

5.2.4『いちばん伝わる！ビジネス文書の書き方とマナー』

　本書の文書総数は 311 件、そのうち「～（さ）せていただく」は 65 例
見られる。311 件の文書のうち、社外文書は 128 件で、「～（さ）せてい
ただく」が 48 例見られる。社交文書 97 件のうち「～（さ）せていただく」
は 16 例見られる。社内文書は 101 件中 1 例の「～（さ）せていただく」
が見られる。以下は例文の一部である。

(18) つきましては、この機会にぜひとも貴社とのお取引を開始させてい
　　ただきたいと願っております。

（新規取引の交渉 p.97- 社外文書）

(19) そこで、同じ食品を扱う弊社としましては、是非見学させていただ
　　きたく、ご連絡を差し上げました。

（工場見学の申し込み p.106- 社外文書）

　本書では、例（20）のような、発信側が受信側からの恩恵を受けず、
または許可を取るという行為が存在しない立場で「～（さ）せていただく」

を使う用例が見られる。

(20) つきましては、空輸による輸送費は貴社負担と<u>させていただきたく</u>お願い申しあげます。

（納期延期の申し入れへの承諾 -p.109- 社外文書）

　一見、ここでの「させていただく」は「許可を得る」に見えるが、文脈から、相手会社の「納期が一週間遅れる」という連絡に対して、文書を送る側の会社が「条件付き承諾」をする文書であることが認められる。つまり、この場合、相手会社に対して、「許可を取る」「恩恵を受けた」の意味は一切なく、むしろ相手会社の状況は理解しているが、但し「空輸による輸送費は貴社負担になるという条件がわが社として最大の譲歩であり、それを受け入れない場合、話は違う方向に行く可能性がある」という意思を含んでいると考えられる。但し、あくまでもやり取りをしている場面であるため、「警告」まで至らず、「通告」と解釈するのが妥当であると考えられる。

　また、例（21）のような、「許可を取る」「恩恵を受けた」の意味が含まれていない、謙譲語Bとして使う用例もある。

(21) 日頃格別のご支援を頂戴している貴社のご依頼にお応えすべく、早速鋭意<u>検討させていただきました</u>。

（取引条件変更依頼への断り p.119 社外文書）

　更に、「警告」の意味が含まれている「〜（さ）せていただく」の例文も見られる。

(22) ご回答なき場合は、遺憾ながら相応の手段を<u>とらせていただきます</u>由を含みおきお願いいたしたく存じます。

（支払い遅延への抗議 p.134 社外文書）

　例文（22）は、受信側が回答しない場合、発信側が更なる行動を実行して自分の利益を保ちたいと言う意志が強く伝わる表現である。「手段」を「とらせていただく」という表現は、文法上は敬語の類であると言えるが、その言葉の背後に含まれる意味は「警告」に近いと考えられる。

5.2.5『すぐに使えて、むだがない商業文の書き方』

　本書の文書の総数は 471 件、そのうち「〜（さ）せていただく」の使用は 43 例である。また、本書は編集上の方針により、社内文書の例文が記載されていない。例文の一部を以下に挙げる。

（23）弊社とは、皆様のお引き立てにより創業以来二十七年、安定した営業を<u>続けさせていただいております</u>ことを、ここで厚くお礼申し上げます。

（地方進出による新会社設立の挨拶 p.62 社交文書）

（24）さて、皆様のご厚情のお蔭をもちまして第一産業株式会社九州支社長の重責を大過なく<u>果たさせていただく</u>ことができ、このたび大阪支社長に転任することになりました。

（転任の挨拶 p.8 社交文書）

　本書からも、謙譲語Bとして機能する「〜（さ）せていただく」や、単に「通告」の意味の例文の存在が確認される。以下は例文の一部である。

（25）さて、弊社は、従来、日曜日、祝日のほか、毎月第一、第三土曜日を休日としてまいりましたが、このたび一般情勢にかんがみ、週五日制を採用いたし、祝日及び各土、日曜日を休日と<u>させていただく</u>ことになりました。

（休日変更の通知 p.180 社外文書）

（26）せっかくのお申し込みでございますが、今回はご<u>辞退させていただく</u>ほかはございません。

（新規取引申し込みの断り p.224 社外文書）

　このように、「〜（さ）せていただく」の拡張用法は近年だけの現象ではなく、40 年ほど前から既に存在していることが考えられる。

　しかし、2005 年以降のビジネス文書日本語マニュアル本で見られる「警

告」の用法は、本書では一例も見られないことから、当時はその用法が稀であった（或いは存在しない）可能性がある。

5.2.6『超早引き！ビジネス文書の書き方 文例500』

　本書の文書の総数は500件であるが、その中の一部は書式などの説明文であるため、今回は調査対象から外している。そのため、対象となる例文は本書の第2章（社外文書）、第3章（社交文書）及び第4章（社内文書）に限定される。

　対象である文書は合計409件、そのうち71例の「〜（さ）せていただく」の使用が見られる。409件の文書のうち社外文書は151件、そのうち「〜（さ）せていただく」の用例数は38例である。社交文書123件、そのうち「〜（さ）せていただく」の用例数は29例である。社内文書は135件、そのうち「〜（さ）せていただく」を使用した例文は僅か3例のみである。例文の一部を下記に示す。

(27) さて、弊社では、これまで毎週火曜日を定休日としてまいりましたが、業務内容の一部変更に伴い、来る１１月１日より定休日を月曜日に<u>変更させていただく</u>ことになりました。

（休業日変更の通知 p.73 社外文書）

(28) 当社といたしましては、貴社とのこれまでのお付き合いから、所定期日までに納入いただけることにいささかの懸念もありませんが、同品の購入先より再三にわたり納入日の問い合わせがあり、<u>確認させていただく</u>次第です。

（発送予定日の照会 p.76 社外文書）

　また、本書の文においても下記のような典型的な通告用法の例文が幾つか見られる。いずれも、受信側からの「恩恵をいただく」、または「許可を取る」などの意味はなく、「通告」の意味で、謙譲語Bとしての機能が

第四章　ビジネス日本語文書における「〜（さ）せていただく」について　　81

働いている。

(29) さて、先日ご来社いただいての試験の結果につきまして、慎重に協議をいたしましたが、大変残念ながら、今回は採用を<u>見送らせていただく</u>ことになりました。

（採用試験の結果について p.132 社外文書）

(30) 新会社の経営陣容並びに概要は別紙にて<u>ご案内させていただいております</u>。

（新会社設立の案内 p.65 社交文書）

例 (29) は、相手会社に「採用を見送る」という結果を「通告する」だけで、この場合に「恩恵をいただく」「許可を請う」などの意味は含まれていないと判断できる。

例 (30) では、単に「案内する」ことを丁寧に伝えている、ここの「〜（さ）せていただく」は既に「恩恵をいただく」「許可を請う」と言った本意が見当たらず、謙譲語Bとして働いていると言えよう。

他に、社外文書の「照会」の文書に、下記の例文が見られた。

(31) つきましては、弊社製造の当該商品の在庫状況について<u>照会させていただきたく</u>、ご連絡いたします。

（在庫状況の照会 p.257 社外文書）

この例文自体は特に意味上特殊な問題があるわけではない。ここで本例を挙げる理由は、他の調査資料で「（さ）せていただく」がみられた文書と内容が異なるためである。これまでの調査において、社内文書における「〜（さ）せていただく」を含む例文は、ほぼ「退職」「休暇の申請」などの文書で見られた。元々社内文書では、「〜（さ）せていただく」を使う程の敬意を払わなければならない場面は極めて少ない。ましてやこのような部門間のやり取りのための文書であればなおさら珍しい表現であろう（一般的には「照会いたしたく」などの表現で十分である）。茜(2002)は「「させる」は使役形を使った許可を求め、「いただく」は恩恵をうけることを

表す謙譲語、「ます」は相手に対する敬意を表す丁寧語で、非常に謙譲の度合いが強い表現である」と指摘しているが、この用例を見れば、元々はより尊敬すべき相手（お客様、取引相手の会社）に使っていた「～（さ）せていただく」は、社内の事務連絡にも使われはじめていると考えられる。一例だけでは直ちには断定しがたいが、これが「（さ）せていてだく」の変化を示唆している可能性はある。

また、本書では「警告」の意味を含む「～（さ）せていただく」の用例は見られない。

5.2.7 『ビジネスマンのためのワープロ商業文文例集』

本書の文書総数は388件、そのうち「～（さ）せていただく」の使用例は48例見られる。社外文書147件のうち28例の「～（さ）せていただく」が見られる。社交文書125件のうち「～（さ）せていただく」は21例である。それに対して、社内文書では、117件のうち、「～（さ）せていただく」の使用が1例だけ見られる。以下は例文の一部である。

(32) つきましては、従来の西が原倉庫は5月31日をもって閉鎖し、今後の集配業務はすべて鶴見倉庫にて<u>お取り扱いさせていただきます</u>。

（倉庫閉鎖のあいさつ p.44 社交文書）

(33) 学友諸君におかれましても、健康には十分ご注意されまして、これからは松浦氏の分まで、社会に貢献されるべくご精励くださいますようお願い申し上げまして、学友会幹事よりの<u>報告とさせていただきます</u>。

（葬儀報告 p.54 社交文書）

また、本書では、「警告」の意味を含む例文がいくつか見られる。以下にその例文を挙げる。

(34) もし上記期日までにお支払いがないときは、やむをえず法律上の手

続きをとらせていただきますので、その旨お含みおきください。

（不渡手形に対する代金督促 p.193 社外文書）

(35) つきましては、ただちにご調査いただき、見本品と同品質の品を大至急お送りくださいますようお願い申し上げます。もしそれが不可能な場合は、先の注文は取り消しさせていただきます。

（粗悪品への抗議 p.195 社外文書）

(36) もし7月7日までにご連絡なき場合は、残念ながら今回の注文を解約させていただきます。

（納期遅延への抗議 p.197 社外文書）

　3例とも、相手会社に「これ以上こっちの要求を満足できない場合、更なる行動をする」という「警告」の意味が含まれており、発信側が受信側に「許可を請う」「恩恵をいただく」の意味は一切存在しない。しかし、あくまでも交渉の段階であるため、「〜（さ）せていただく」を使い、出来る限り丁寧に意思伝達を果たすつもりがあると考えられる。ここの「〜（さ）せていただく」は、謙譲語の機能だけが残され、自分側の立場を少し弱めていると捉えることができる。ただこの場合は、むしろより強く発信側の「警告」意味を強める効果があると言えよう。

6. ビジネス日本語文書における「〜（さ）せていただく」が　謙譲語 B として使用される傾向

　菊地（1997）は、謙譲語を謙譲語 A と謙譲語 B に分けている。その内の謙譲語 A は、「話手が補語を高め、主語を低める（補語よりも低い位置づけ）」に対して、謙譲語 B は「自分側を低めて述べることによって、話し手が聞き手に対してへりくだった／かしこまった趣、つまり丁重さを現す」というのが謙譲語 B の最も普通の用法であると定義している。「〜（さ）せていただく」は、「本来〈「そうしてもよい」という恩恵／許可を得て何

かを「させてもらう」ことを、恩恵／許可の与え手を高めて述べる〉表現である」と菊地（1997）が指摘しているが、今回調査を行った七冊のビジネス日本語文書マニュアル本では、「〜（さ）せていただく」を単に発信側の行為を低くし、聞き手に対し丁寧に述べる、つまり「〜（さ）せていただく」を謙譲語Bとして使用する例が見られる。以下に2例を示す。

(37) お申し越しの向きにつきまして、社内で慎重に<u>検討させていただきました</u>結果、誠に残念ではございますが、今回の新規取引のお申し込みは<u>ご遠慮させていただく</u>ことになりました。

（『できる！と言わせるビジネス文書』
新規取引申し入れへの断り p.85 社外文書）

(38) さて、このたび平成〇年〇月よりオフィスサポートセンターの休業日を下記の通り<u>変更させていただく</u>こととなりました。

（『困ったときにすぐ使える！ビジネス文書 書き方＆マナー大事典』
休業日変更の通知 p.80 社外文書）

　これらの例文は、文脈から判断すると、受信側の意思にかかわらず、ただこれからの行為、或いは既に決まりきったこと（結果）を相手に伝える（通告する）という意味で「〜（さ）せていただく」を使用しており、「〜（さ）せていただく」を通じて、発信側の立場を低くしていると考えられる。伊藤（2011）は、現在の「〜（さ）せていただく」にはそのような傾向があると指摘している。菊地（1997）では、現在の謙譲語Bにあたる語は使用上の文法的制限が多いのに対して、「〜（さ）せていただく」はそのような制限が少ないため、「守備範囲の広い謙譲語を求める心理が現代の日本語に潜在的にあって、「〜（さ）せていただく」がその位置を占めようとしているのだと分析できそうである」と述べている。このような使用のしやすさもビジネス日本語文書における「〜（さ）せていただく」の謙譲語B化の一つの原因であると考えられる。菊地（1997）は更に、将

来の「〜（さ）せていただく」が謙譲語Ｂとして活躍する可能性がある
と指摘している。椎名・滝浦（2022）では、現代日本語の敬語体系には
欠陥があり、一部の動詞について、謙譲語にすることは難しい（あるいは
できない）。しかし「〜（さ）せていただく」を使用することでその欠陥
を簡単に補うことができる。そのことで「〜（さ）せていただく」が多用
され批判されることに至った。今回の調査はある程度その可能性を裏付け
たと言えよう。

　また、今回の調査資料の例文では、全体的に見れば、拡張用法が予想以
上に多く存在し、その中で、「通告」の意味の用例が多いことは明らかで
ある。とはいえ、ビジネス日本語文書における「〜（さ）せていただく」
の本来の意味用法は完全に消えていると結論を付けることは出来ない。し
かし、「〜（さ）せていただく」の敬意度の減少傾向が見られる。その点
について、椎名（2021）では「「させていだだく」における敬意漸減は、
今後加速することが予想される」と挙げている。本章の調査結果から見れ
ば、ビジネス日本語文書における「〜（さ）せていただく」も、似たよう
な傾向が存在していると言えよう。

7. ビジネス日本語場面での「〜（さ）せていただく」に含まれる「警告」の意味

　今回用いた資料では、抗議・催促・反駁などの文書で、「〜（さ）せて
いただく」に「警告」の意味を含む例、或いは「警告」の場面での使用例
が幾つか見られる。ビジネス日本語における「〜（さ）せていただく」の「警
告」意味について、菊地（1997）、伊藤（2011）、宇都宮（2004）、茜（2002）
などの先行研究ではそれに関する言及がないため、さらに多くの資料を用
いた調査を進める必要があると考える。今回の調査で見られた「警告」の
意味を含む用例は、「抗議、反駁、催促」以外の文書では見られなかった。
また、『困ったときにすぐ使える！ビジネス文書 書き方＆マナー大事典』

の NG 例文 [2] の例も挙げており、その NG 例文の中に次のように、

(39) 万が一紛失などの事態により返却が叶わない場合には、相応の<u>手段</u>
<u>をとらせていただく</u>覚悟でございます。

(返却の督促 -p.155- 社外文書)

という「〜（さ）せていただく」を使用している例文が見られる。その例文が NG になった理由は文法的な間違いがあるからではなく、「ケースにもよるが、このような厳しい言文を避けるべきだ」であったためであると書かれている。したがって、ここでの「〜（さ）せていただく」もやはり発信側から受信側への「警告」の意思があると見るべきである。このような使用はビジネス日本語の場面ではある程度認められているのも現状であるため、変質用法に分類することを考慮するべきであると考える。

　他の研究でも、似たような結論が出ている。李（2015）の『国会会議録』を対象にした「〜（さ）せていただく」に関する研究では、「〜（さ）せていただく」に「攻撃性」、または「自己主張性」が感じられることがあると指摘されている。今回の調査を見ると、ビジネス日本語文書における「〜（さ）せていただく」について、同じような用法があると考えられる。

---

[2] 『困ったときにすぐ使える！ビジネス文書 書き方＆マナー大事典』において、不適切な用語を使用する例文、または書式が間違っている例文を「NG 例文」としている。

〈参考文献〉

司馬遼太郎（1990）『街道をゆく〈24〉近江・奈良散歩』朝日文庫

菊地康人（1997）『敬語』講談社学術文庫

菊地康人（1997）「変わりゆく「〜（さ）させていただく」」『特集 ポライトネスの言語学 -』

池上彰（2000）『日本語の大疑問』講談社

茜八重子（2002）「「〜（さ）せていただく」について」『講座日本語教育』38巻 早稲田大学日本語研究教育センター

宇都宮洋子（2004）「「〜（さ）させていただく」の定型表現に関する調査」『待遇コミュニケーション研究　第2号』

松本修（2008）「東京における「〜（さ）させていただく」」『国文学』関西大学国文学会

北原保雄（2010）『明鏡国語辞典 第二版』大修館書店

伊藤博美（2011）「「〜（さ）させていただく」表現における自然度と判断要因」『日本語学論集 第七号』双文社

李謨珍（2015）「衆議院における「させていただく」の使用実態とその用法の変化について－『国会会議録検システム』を利用して－」『日本語学会2015年度秋季大会予稿集』

椎名美智（2021）『「させていただくの語用論」－人はなぜ使いたくなるか－』ひつじ書房

椎名美智・滝浦真人（2022）『「させていただく」大研究』くろしお出版

〈調査資料〉

杉崎陽一郎（1977）『すぐに使えて、むだがない商業文の書き方』小学館

ワープロ文書研究会（1989）『ビジネスマンのためのワープロ商業文文例集』成美堂出版

倉澤紀久子（2006）『「できる！」と言わせるビジネス文書』かんき出版

横須賀てるひさ　諸星美智直（他）（2008）『そのまま使える ビジネス文書文例集（ダウンロード特典付き）』かんき出版

日本語文書研究会（2012）『超早引き！ビジネス文書の書き方文例500』主婦

と生活社

神谷洋平（2014）『困ったときにすぐ使える！ビジネス文書 書き方＆マナー大事典』GAKKEN 出版

谷綾子（2015）『いちばん伝わる！ビジネス文書の書き方とマナー』高橋書店

第五章　ビジネス日本語会話における
「〜（さ）せていただく」について

1.　はじめに

　菊地（1997）では、現在の謙譲語Bにあたる語は使用上の文法的制限
が多いのに対して、「〜（さ）せていただく」はそのような制限が少ない
ため、「守備範囲の広い謙譲語を求める心理が現代の日本語に潜在的にあっ
て、「〜（さ）せていただく」がその位置を占めようとしているのだと分
析できそうである」と述べ、将来の「〜（さ）せていただく」が謙譲語B
として活躍する可能性があると指摘している。つまり、「〜（さ）せてい
ただく」のような、もとの守備範囲から、新しい分類に入る謙譲語は存在
する可能性が見られる。更に、李（2016）では「場面によっては、聞き
手に対して、話し手が自分本位の主張をしているかのような表現にもなり
うる」と論じている。

　このように、「〜（さ）せていただく」のような謙譲表現は複雑であり、
しかも常に変化が伴っている。いかにより正しく現代のビジネス日本語に
おける謙譲表現を理解して習得するかは非常に重要な項目であり、現代の
日本語教育にとっての大きな課題となっている。本研究はまずビジネス日
本語会話における「〜（さ）せていただく」について考察し、その使用実
態を明らかにする。

　司馬（1990）は、「〜（さ）せていただく」は昭和12年頃の大阪では
すでに一般的に使われているのに対して、1950年代に関西から関東へ広

まったのではないかと論じている。松本（2008）は、「～（さ）せていただく」は戦前の東京にも使用されているが、当時は「山の手ことば」として存在している言葉遣いであり、一般民衆の中では普及されていないため、「昭和三十年以降に広まった表現である」と思われていたのではないかと論じている。また、「～（さ）せていただく」をめぐる議論と批判も、かなり昔から存在している。

「～（さ）せていただく」の本来の用法について、菊地（1997）は「「させていただく」とは、本来、〈「そうしてもよい」という恩恵／許可を得てなにかを「させてもらう」ことを、恩恵／許可の与えてを高めて述べる〉表現である」と論じている。

また、『敬語の指針』（2007）では、「「（お・ご）……（さ）せていただく」といった敬語の形式は，基本的には，自分側が行うことを，ア）相手側又は第三者の許可を受けて行い，イ）そのことで恩恵を受けるという事実や気持ちのある場合に使われる。したがって，ア，イ）の条件をどの程度満たすかによって「発表させていただく」など「…（さ）せていただく」を用いた表現には，適切な場合と，余り適切だとは言えない場合とがある。」と記載している。

更に、菊地（1997）は、「～（さ）せていただく」の用法について、以下のように分類している。

（Ⅰ）（本当に）"恩恵／許しをいただく"という場合（「もっとも基本的な使い方」）

　　例）すみませんが、先生の本を使わせていただけないでしょうか。

（Ⅱ）"恩恵／許しを得てそうする"と捉えられる場合（「拡張」）

　　例）（パーティーの出欠の返事で）出席させていただきます。

（Ⅲ）"恩恵／許しを得てそうする"と（辛うじて）見立てることができる場合。

　　例）（結婚式での、新郎の友人のスピーチ）新郎と十年来のおつきあいをさせていただいております。

（Ⅳ）"恩恵／許しを得てそうする"とはまったく捉えられない場合。

　例）（近所の人に）私どもは、正月はハワイで過ごさせていただきます。

　そのうちの（Ⅰ）から（Ⅲ）までは、個人差の問題はあるが、とりあえずは「恩恵／許しを得てそうする」と見立て、相手を高めるという共通点がと想定できるのに対して、（Ⅳ）は「誤り」であり、規範から離れた新しい用法であると述べている。

　李（2016）の研究では、場合によって「させていただく」から「自己主張性」あるいは「攻撃性」を感じ取ることもありうると論じている。

　これらの先行研究を踏まえて、「〜（さ）せていただく」の用法は、すでに最初の「恩恵／許可をいただく」から拡張して、あるいは本義から逸脱している用法も現れている可能性があると思われる。第四章で、ビジネス日本語文書における「〜（さ）せていただく」の使用状況について考察を行い、その実態をある程度に把握している。しかし、ビジネス日本語文書とビジネス日本語会話が必ずしも同じような使用傾向が存在するとは限らない。従って、現代ビジネス日本語会話における「〜（さ）せていただく」の使用実態を確かめる必要があると考えられる。

2. 研究内容と方法

2.1 調査対象

　本研究は主にビジネス日本語会話を中心に、「〜（さ）せていただく」の使用実態について考察を行う。ビジネス日本語会話における「〜（さ）せていただく」の調査資料を以下のように示す。

A　江波戸哲夫『集団左遷』（1993）祥伝社文庫（世界文化社（1993）初出）

B　高杉良『金融腐蝕列島』（1997）角川文庫

C　池井戸潤『銀行総務特命』（2002）講談社文庫

D　池井戸潤『オレたちバブル入行組』（2007）文春文庫（『別冊文藝春秋』（2003）初連載）

92

E　池井戸潤『株価暴落』（2007）文春文庫（『文藝春秋』（2004）初出）

F　池井戸潤『オレたち花のバブル組』（2010）文春文庫（『別冊文藝春秋』（2006）初連載）

G　江上剛『銀行告発』（2006）光文社文庫

H　池井戸潤『ロスジェネの逆襲』（2015）文春文庫（『週刊ダイヤモンド』（2010）初連載）

I　江上剛『人生に七味あり』(2011) 徳間文庫（『問題小説』(2011) 初連載）

J　池井戸潤『銀翼のイカロス』（2017）文春文庫（『週刊ダイヤモンド』（2013）初連載）

　資料B、C、D、E、F、G、H、Jは、銀行を舞台にした物語である。そのうち資料Hだけは主人公である半沢直樹という人物が出向させられて、銀行の子会社の部長として活躍するが、やり取りの相手は主に銀行関係者である。資料Iの主人公は元銀行員であり、会社の役員（後半は社長）として様々なビジネス場面で活躍している。資料Aは、タイトルそのまま、会社から集団左遷された男たちが必死で働き、自分たちの生き残りを賭けたストーリーである。どれも現代のビジネス社会を背景としたもので、各種各様な場面でのビジネス日本語会話を考察できる資料と考えられるため、今回の対象として取り上げることは妥当と考えられる。

　本章は、上記の10冊の経済小説から「〜（さ）せていただく」を使用した会話を抽出して分類を試み、さらに考察を行う。

2.2 分類方法

　現在、「〜（さ）せていただく」の用法についての分類といえば、菊地（1997）の四分類が代表的なものであり、（Ⅰ）から（Ⅲ）までは、個人の好みの違いの問題であるが、(Ⅳ)の用法は「誤り」であると述べている。また、宇都宮（2004）は、「〜（さ）せていただく」の「本来の意味」と分類を以下のように論じている。

タイプA 「本来の意味」の用法

（本当に）「ある行動を行う許可を得た」という意味＋「恩恵間接尊重」の意味がある場合「行動の許可者」が、本当に「許可」をした（する）場合。「…に〜（さ）せていただく」の「…」の部分に具体的な人物を入れて言い表すことができる。

例） 先生にカメラを使わせていただいた。

授業を早退させていただけます？　　どちらも「行動の許可者」
＝教師

タイプB 「許容範囲」の用法

「あたかも許可を得た」意味＋「恩恵間接尊重」の意味があると見立てることができる場合。「行動の許可者」が、「許可」をした（する）と見立てることができる場合。「…に〜（さ）せていただく」の「…」の部分に具体的な人物を想定し言い表すことができる。

例） （新聞記事で）敬称は、省略させていただきます。　「行動の許可者」
＝読者

先日は、お邪魔させていただきありがとうございます。「行動の許可者」＝相手

タイプC 「検討を要する」用法

「あたかも許可を得た」意味＋「恩恵」の意味があると捉えられない場合（「間接恩恵」の意味はあると思われる）。「行動の許可者」を特定することができず、「…に〜（さ）せていただく」の「…」の部分に具体的な人物を入れ言い表すことができない。

例） 弊社は新製品を（？に）開発させていただきました。（新製品発表会で）

夏休みは（？に）沖縄に旅行させていただきます。（芸能人のインタビュー）

宇都宮（2004）の分類は、「恩恵／許可」をする「相手」が特定できるかどうかという点を重要視している。

しかし、今回の考察で、次のような用例が見られた。

(1) 有識者会議の修正再建プランについては、**白紙撤回させていただきます**。

(『銀翼のイカロス』p.46、白井(国土交通大臣)⇒記者)

用例 (1) は、新政党の国土交通大臣が記者会見で発言をする場面である。文脈から見れば、着任早々いきなり新しい決定をこの場で言い出しており、完全に上からの立場であり、「恩恵 / 許可」という意味が全く想定できない発話である。しかもかなり強引な行為を強く「宣言」していると捉えられる。つまり、この用例における「〜(さ)せていただく」は、すでに本義から変貌しており、更に言えば、その発話は「攻撃性」、あるいは非常に強い「自己主張性」が含まれている「宣言」であると考えられる。菊地 (1997) の分類 (Ⅳ) と宇都宮 (2004) のタイプ C に分類される「誤用」に相当する。しかし、菊地 (1997) の分類 (Ⅳ) と宇都宮 (2004) とタイプ C の用例を見ると、発話者からの謙遜的な態度を感じ取ることができるが、用例 (1) ではそのようなムードを感じ取ることはできず、別の用法と考えられる。

本研究は、10 冊の経済小説から抽出した用例を以下のように分類する。

〈1〉 **本来用法、話し手が聞き手(特定できる相手)から恩恵を受け、または許可を請う場合。**

(2) 当行で**検討させていただけませんでしょうか**。

(『オレたちバブル入行組』p.32、半沢(銀行課長)⇒東田(西大阪スチール社長))

(3) いままでにない経営戦略ですか。それは素晴らしい。それは是非、私どもにも**お手伝いさせていただき**たいものです。

(池井戸潤 (2015)『ロスジェネの逆襲』p.11、諸田(東京セントラル営業計画部次長)⇒平山一正(電脳雑伎集団社長))

両用例とも、話し手が聞き手に許可を求め、しかもその「許可」の背後に莫大な「恩恵」を伴っている。例 (2) は、半沢が東田社長に、融資に

ついて相談している場面である。商談が成功できれば、半沢がいる東京中央銀行大阪支店にとって、大きな実績になる。例（3）は、諸田が平山一正社長と、他社を買取することを図る商談の場面である。話がうまく進めば、話し手である諸田がいる東京セントラル証券は大きな利益が得られる。このような場面で使われている「〜（さ）せていただく」は、最も基本的な用法であり、本来の用法であると考えられる。

〈2〉拡張用法、「恩恵を受ける／許可を請う」の意味が薄く、あるいは「恩恵を受ける／許可を請う」という相手を特定できない。また、話し手が自分の立場を低くしてある行為（或いはこれからの行為）を相手に伝える場合。

（4）お尋ねの件ですが、再建計画の実現性については、当時<u>検討をさせていただいております</u>。

（『銀翼のイカロス』p.131、

半沢（東銀営業第二部次長）⇒黒崎（金融庁検査官））

（5）帝国航空さんの業績予測を<u>**精査させていただき**</u>、債権放棄の合理性について見極めをしているところです。

（『銀翼のイカロス』p.97、中野渡（東銀頭取）⇒白井（国土交通大臣））

　例（4）例（5）では、話し手は聞き手から何らかの恩恵を受け、或いは許可を請うような意図が見当たらず、ただ単に自分（或いは自分側）の立場を多少低くして、過去の行為（或いはこれからの動作）を聞き手に伝える。このような「〜（さ）せていただく」に、本来の「恩恵を受ける／許可を請う」の意思が含まれていないと判断できるため、拡張用法と分類することは妥当であろう。

〈3〉変質用法、「恩恵を受ける／許可を請う」の意味は見当たらず、話し手が何かを「宣言」しているように聞こえ、または「攻撃性」「自己主張性」を強く感じられる場合。

(6) あなた銀行員でしょう。とりあえず、この売り上げ予測の内容じっくり**検討させていただきますよ。**結論云々なんて話はそれから！

『オレたち花のバブル組』p.29、

古里（銀行側融資担当）⇒近藤（出向会社の部長））

(7) 有識者会議の修正再建プランについては、**白紙撤回させていただきます**。

『銀翼のイカロス』p.46、白井（国土交通大臣）⇒記者）

　例（6）は、話し手は聞き手を強く軽蔑しており先方の融資の請求を全般的に拒絶した後の会話である。例(7)は、非常に強引な「宣言」であり、「許可／恩恵」の類の意味は一切含まれておらず、「攻撃性」「自己主張性」が極めて強い発話と見られる。このような場面では、「〜（さ）せていただく」は既に本意を失っていると考えられるため、変質用法として分類する。

3. 経済小説における「〜（さ）せていただく」の実態調査

3.1　全数調査

　今回の調査で、10冊の経済小説から合計177例の該当用例を抽出した。各資料から抽出した「〜（さ）せていただく」の用例の数を、次ページ図1に示す。

　図1から明らかなように、最も多く「〜（さ）せていただく」を抽出したのは、資料Bであるのに対して、用例が一番少ないのは資料A「江波戸哲夫（2018）『集団左遷』」である。また、半沢シリーズの作者は同一人物であるが、「〜（さ）せていただく」の使用数が増加する一方であるのが目立つ。池井戸潤氏と言えば、元は銀行員であり、ビジネス日本語の現場を歩いてきた人間であり、現在は数多くの経済小説を出版した人気作家として活躍している。元々経済小説は、現実社会を舞台とした物語であり、現実でのビジネス日本語会話の使用傾向に影響されている可能性は十分に考えられる。この調査の結果も、ある程度「〜（さ）せていただく」

第五章　ビジネス日本語会話における「〜（さ）せていただく」について

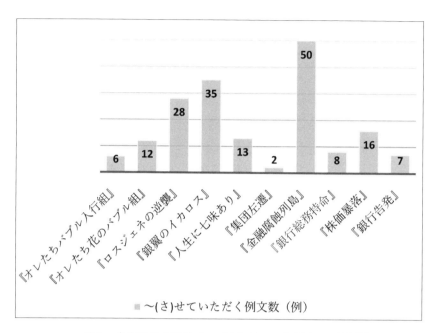

図1　各資料における「〜（さ）せていただく」の用例数

の使用頻度の増加を反映していると思われる。また、主人公のいる言語環境から考えれば、やはり銀行のような典型的なビジネス会話の場面では、「〜（さ）せていただく」の使用が多くなる可能性は存在する。

　更に、各資料の用例を分類した結果を次ページ図2に示す。

　図2から、資料A以外の9冊が「拡張用法」と「変質用法」の「〜（さ）せていただく」を使用した用例が確認できる。また、「半沢シリーズ」のデータを取り上げると、「拡張用法」と「変質用法」の用例数は、第一作はそれぞれ1例・1例、第二作はそれぞれ6例・2例、第三作はそれぞれ6例・2例、第四作は17例・8例であることが明らかであり、両分類とも、「拡張用法」と「変質用法」の用例数の上昇傾向を示している。特に『銀翼のイカロス』では、「拡張用法」の用例はそのシリーズの中で一番多い。しかも「変質用法」の用例数も「本来用法」の用例数より上回っている。

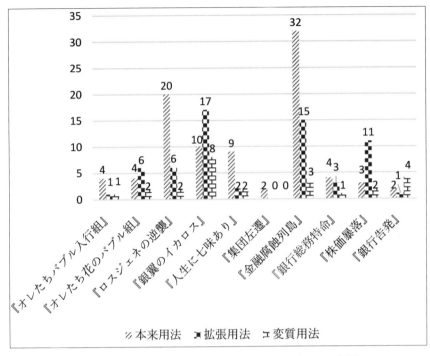

図2　各資料における「～（さ）せていただく」の分類

　また、資料A『集団左遷』の「～（さ）せていただく」の用例数は僅か2例、他の資料と比べると極端に少ない。作者の個人差も考えられるが、資料A『集団左遷』は、主人公たちは会社から悪意をもって左遷されている設定であり、会話の場面は、社内での会話が多い。更に、対外場面での会話は、主に親会社とのやり取りになっている。主人公たちと親会社との関係が極端に悪いため、敬語自体の使用は少ない。これも、資料A『集団左遷』から抽出した「～（さ）せていただく」の用例数が、他の資料より少ない原因と推測できる。
　また、資料B『金融腐蝕列島』の用例数は今回の資料の中では最も多いが、その作品は上と下の二冊に分かれているため、文字の量がほかの作品より多いという客観的な理由も存在している。

3.2 「本来用法」の考察

　今回の調査資料から抽出した「本来用法」に分類できる「～（さ）せて
いただく」の用例数は総計 90 例である。詳細は以下の表 1 に示す。

　用例の一部を下記に示す。

（8）当行で**検討させていただけませんでしょうか**。

（『オレたちバブル入行組』p.32、

半沢（銀行課長）⇒東田（西大阪スチール社長））

表 1　各資料における「～（さ）せていただく」の「本来用法」

作品タイトル	「本来用法」用例数	各資料における割合
江波戸哲夫（1993）『集団左遷』	2 例	100%
高杉良（1997）『金融腐蝕列島』	32 例	64%
池井戸潤（2002）『銀行総務特命』	4 例	50%
池井戸潤（2007）『オレたちバブル入行組』（『別冊文藝春秋』（2003））	4 例	66.7%
池井戸潤（2004）『株価暴落』	3 例	18.8%
池井戸潤（2010）『オレたち花のバブル組』（『別冊文藝春秋』（2006））	4 例	33.3%
江上剛（2006）『銀行告発』	2 例	28.6%
池井戸潤（2015）『ロスジェネの逆襲』（『週刊ダイヤモンド（2010）』）	20 例	71.4%
江上剛（2013）『人生に七味あり』（『問題小説』（2011））	9 例	69.2%
池井戸潤（2017）『銀翼のイカロス』（『週刊ダイヤモンド（2013）』）	10 例	28.6%

（9）黒字前提で融資した資金です。赤字であったのなら、一旦ご返済いただき、あらためて**審査させていただけませんか**。それなら検査も乗り切れる。あるいは返済すると確約いただくが――。

（『オレたち花のバブル組』p.33、
半沢（営業第二部次長）⇒羽根（伊勢島ホテル専務））

（10）面談する時間がないのであれば、せめて電話で**お話しをさせていただけませんか。**お手間は取らせません。

（『ロスジェネの逆襲』p.46、半沢（東京セントラル
営業企画部部長）⇒平山一正（電脳雑伎集団社長））

（11）至急お目にかかってお話ししたいことがあります。遅い時間に申し訳ありませんが、十時ごろ**お邪魔させていただいて**よろしいでしょうか。

（『金融腐蝕列島下』p.97、
半沢（東銀営業第二部次長）⇒神谷（帝国航空社長））

（12）ありがたく、かつ身に余る光栄です。前向きに**検討させていただきます。**ご返事は、数日、お待ちください。

（『人生に七味あり』p.179、岸野（DFS 財務部長）⇒役員全員）

（13）私どもの一体何がお気に召さなかったのでしょう。何でも**やらせていただきますので、**是非おっしゃってください。

（『集団左遷』p.360、篠田（首都圏特販売部本部長）
⇒鹿児島（横浜商事社長））

例（8）は、半沢（銀行員、課長）と東田（西大阪スチール社長）が商談している場面で、半沢は５億円の融資を自分のいる銀行で検討することを促し、東田に「許可」を求めている。更にこれは自分側にとって大きな実績であり、言い換えてみれば莫大な「恩恵」になるので、ここで使用された「～（さ）せていただく」は、「本来用法」として分類することは妥当であると思われる。例（9）、例（10）、例（11）の会話場面も、例（8）と類似していると判断できる。故に、これらの用例も「本来用法」と分類

できると言えよう。また、例（12）は、役員会から次の社長の座を指名されている場面で、確実に「恩恵」を受けていると判断できる。例（13）は、契約破棄された主人公は、頭を下げて必死にお願いをしているシーンで、聞き手から「挽回のチャンス」という「許可」を求め、そして「何でもやらせていただきます」という行動を成立させるには、聞き手からの「恩恵」が必要である。故に、２例とも、「本来用法」の範囲内と考えられる。

　しかし、一部異質な用例が見られた。以下に示す。

（14）できれば、現在の経済情勢に関する中野渡頭取のご高説を拝聴したいところですけれど、時間がございません。早速、本題に**入らせていただいて**、よろしいでしょうか。

　　　　　　　　（『銀翼のイカロス』p.97、白井（国土交通大臣）⇒東銀全員）

　この部分だけを読むと、これは話し手である白井（国土交通大臣）が、東京中央銀行で開かれた 500 億の債権放棄に関する会議の場面で、聞き手（中野渡（東銀頭取）を含む会議に参加する東京中央銀行関係者全員）に、「本題に入る」という行動の「許可」を求めていると読み取ることはできる。しかし、この会議の実質は、東京中央銀行が債権放棄の請求を一度拒絶したことに対して「やり返す」ことであり、自分側の権威を示す舞台である。更に、この発話の直後に以下の内容が書かれている。

　「そう切り出すと、返事を待たずに続ける」

　つまり、一見「許可」を請うような言動だが、実際は単なる「自己主張性」的な発話であり、明らかに「攻撃性」が含まれた「宣言」である。故に、筆者はこの用例を「本来用法」から除外し、「変質用法」として分類する。

　また、「本来用法」に属する用例の「～（さ）せていただく」は、話し手が自分側を低くし、聞き手側を高くする機能を持ち、「～（さ）せていただく」の本来の性質（謙譲語 A）を保有している。

3.3「拡張用法」の考察

　今回の調査資料から抽出した「拡張用法」に分類できる「～（さ）せて

いただく」の用例数は総計62例である。詳細を表2に示す。

　用例の一部を下記に示す。

(15)　西大阪スチールは御社に対して七億円の仕入れがあることになってるんですが、**調べさせていただいた**ところ、御社の売り上げは五億円ほどだということがわかりました。

（『オレたちバブル入行組』p.98、半沢（銀行課長）

⇒竹下（竹下金属社長））

表2　各資料における「～（さ）せていただく」の「拡張用法」

作品タイトル	「拡張用法」用例数	各資料における割合
江波戸哲夫（1993）『集団左遷』	0例	0%
高杉良（1997）『金融腐蝕列島』	15例	30%
池井戸潤（2002）『銀行総務特命』	3例	30%
池井戸潤（2007）『オレたちバブル入行組』（『別冊文藝春秋』（2003））	1例	16.7%
池井戸潤（2004）『株価暴落』	11例	61.1%
池井戸潤（2010）『オレたち花のバブル組』（『別冊文藝春秋』（2006））	6例	46.2%
江上剛（2006）『銀行告発』	1例	14.3%
池井戸潤（2015）『ロスジェネの逆襲』（『週刊ダイヤモンド（2010）』）	6例	26.7%
江上剛（2013）『人生に七味あり』（『問題小説』（2011））	2例	15.4%
池井戸潤（2017）『銀翼のイカロス』（『週刊ダイヤモンド（2013）』）	17例	47.2%

（16）それでは、同社の与信内容について私から**説明させていただきます**。

（『オレたち花のバブル組』p.148、
半沢（営業第二部次長）⇒黒崎（金融庁検査官））

（17）敵対的買取の防衛策というと難しくきこえるかも知れませんが、ややこしいのは数ある防衛策のどれを選択するかということでした。その複雑な検討作業は、御社を知り尽くした我々が**十分やらせていただきました**。

（『ロスジェネの逆襲』p.106、広重多加夫（大洋証券
営業部長）⇒瀬名陽介（東京スパイラル社長））

（18）帝国航空さんの業績予測を**精査させていただき**、債権放棄の合理性について見極めをしているところです。

（『銀翼のイカロス』p.97、中野渡（東銀頭取）⇒白井（国土交通大臣））

（19）一風堂破綻時の当行決算への影響について、企画部の試算を**発表させていただきます**。

（『株価暴落』p.274、二戸（企画部次長）⇒会議参加者全員）

例（15）、例（17）、例（18）のように、話し手は聞き手に行動の許可を請うような意味が見られず、さらに両者の間に「恩恵」の授受関係も存在しない。ただ単に、話し手（或いは話し手側）の過去に行われた行為を聞き手（或いは聞き手側）に伝えている。例（16）と（19）は、これからの動作を聞き手に伝えている。この場合「〜（さ）せていただく」の本意である「恩恵／許可を請う」は薄く、「〜（さ）せていただく」の謙譲語Aとしての性質が希薄化し、話し手はただ意見を丁重に述べるために「〜（さ）せていただく」を使用しているため、謙譲語Bに近い用法であると思われる。

また、「発表させていただきます」「休業させていただきます」「質問させていただきます」など、例（16）、例（19）と類似している用法は、近年では様々な場面で使用されている。つまり、「〜（さ）せていただく」

という用語は、一部の場面では、既に定着しているような「定着された表現」として使われている傾向があると考えられる。菊地（1997）ではそれについての言及がないが、宇都宮（2004）では、「～（さ）せていただく」の「定型表現」を次のように規定している。

「定型表現」とは、「～（さ）せていただく」で表現される「文話」における「人間関係」、「場」などの状況の中で、その表現意図、「恩恵」の有無などに関わらずに、常にこの表現を用いることが多く、表現主体、理解主体ともにこの表現の使用と意図を暗黙のうちに了解している形式である。

　例（16）の会話は、金融庁検査の時、金融庁検査官に対して半沢が与信内容について説明をする場面であり、当然その発話行為は金融庁からの「恩恵」ではない。「説明いたします」「説明を申し上げます」というのが本来の敬語表現であるが、このような用法は既に定着しつつあるため、「恩恵／許可を請う」の意味が薄い「定着された表現」として一般的に使用しているのが現状である。

3.4「変質用法」の考察

　今回の調査資料から抽出した「変質用法」に分類できる「～（さ）せていただく」の用例数は総計25例である。詳細は次ページ表3に示す。

　用例の一部を下記に示す。
（20）一応、本件については銀行に戻りまして対応を**検討させていただく**ことになります。

（『オレたちバブル入行組』p.53、半沢（銀行課長）⇒

波野（西大阪スチール課長））

（21）私も**同席させていただきますわ。**

第五章　ビジネス日本語会話における「～（さ）せていただく」について　　105

表3　各資料における「～（さ）せていただく」の「変質用法」

作品タイトル	「変質用法」用例数	各資料における割合
江波戸哲夫（1993）『集団左遷』	0例	0%
高杉良（1997）『金融腐蝕列島』	3例	6%
池井戸潤（2002）『銀行総務特命』	1例	13%
池井戸潤（2007）『オレたちバブル入行組』（『別冊文藝春秋』（2003））	1例	16.7%
池井戸潤（2004）『株価暴落』	2例	11.1%
池井戸潤（2010）『オレたち花のバブル組』（『別冊文藝春秋』（2006））	2例	15.4%
江上剛（2006）『銀行告発』	4例	57.1%
池井戸潤（2015）『ロスジェネの逆襲』（『週刊ダイヤモンド（2010）』）	2例	6.7%
江上剛（2013）『人生に七味あり』（『問題小説』（2011））	2例	15.4%
池井戸潤（2017）『銀翼のイカロス』（『週刊ダイヤモンド（2013）』）	8例	22.9%

　　　　　　　　　　　　　　　　（オレたち花のバブル組』p.99、

　　　　　原田（伊勢島ホテル側）⇒半沢（営業第二部次長））

(22) 今この場で**決裁させていただきます**。

　　　　　　　　　　　　　　　　（『ロスジェネの逆襲』p.63、

　　　　　平山一正（電脳雑伎集団社長）⇒伊佐山（東銀証券営業部部長））

(23) ここでこれ以上、お話することもないでしょう。食事の途中だが、

　　どうも私はタバコが苦手でね。このあたりで**失礼させていただきます**

<u>よ</u>。

（『銀翼のイカロス』p.322、

　中野渡（東銀頭取）⇒乃原（帝国航空再生タスクフォース・リーダー））

（24）いろいろご厚意はありがたいのですが、交渉はそれぞれの方と個
　　別に<u>やらせていただきます</u>。

（『人生に七味あり』p.216、

　樫村徹夫（DFS社長）⇒竜ヶ崎司郎（有限会社龍門興業代表））

　例（20）は、「拡張用法」に分類できそうに見えるが、その発言の直後
に半沢は、厳しい言葉を突きつけた。「その際、場合によっては資金を返
していただくこともありますから、そのつもりでいてください。」という
会話文が続いている。更に前後の文を分析すると、これは粉飾行為をした
相手会社の財務部長との会話である。つまり、その発言は、外見だけは「拡
張用法」で、その実際の意味は「警告」の機能を果たしている発話であり、
話し手の「攻撃性」を示している言動である。

　例（21）、例（22）、例（23）は、上位者がこれからの行動を「宣言」
する発話である。特に例（21）は、話し手の原田が、無理矢理に会談に
参加しようとする時の発言であり、「恩恵／許可を請う」などの意味が一
切見当たらない発言と考えられる。例（22）も同様で、ワンマン社長と
呼ばれる平山が、取締役会の意見を完全に無視し、自ら決定を下す場面で
ある。さらに、例（23）は、東京中央銀行の頭取である中野が、一方的
に会食を終了させようとする時の言葉である。三つの文とも、上位者であ
る話し手の「自己主張性」を強く感じられる発話であるが、しかし、必ず
しもそうとは限らない。池井戸（2015）『ロスジェネの逆襲』に、以下の
会話文が見られた。

（25）ひとつ<u>反論させていただく</u>と、いま職能ごとに人を割り当ててい
　　るとおっしゃいましたが、そもそも我々は、そこにコスト構造上の問
　　題があると考えています。多能工化すべきですし、修正案でもそれは

謳っております。

　　　　　　　　　　　　　　　　　　　（『ロスジェネの逆襲』p.68、
　　半沢（東銀営業第二部次長）⇒谷川（開投銀企業金融部第四部次長））
　この会話において、話し手と聞き手は上下関係ではなく、同等の立場である半沢（東銀営業第二部次長）⇒谷川（開投銀企業金融部第四部次長））であり、「攻撃性」は見られないが、話し手の半沢の発話から、「自己主張性」を確実に感じ取っている。つまり、上対下だけではなく、平等な関係でも「〜（さ）せていただく」から「攻撃性」「自己主張性」を感じ取れることが確認できると思われる。

　李（2016）の「国会会議録検察システム」を対象にした研究では、「下位者である聞き手が「させていただく」を謙譲語として読み取るよりは、「自己主張性」又は「攻撃性」を感じ取ってしまう恐れの高い表現であると思われる」と論じている。国会会議録は、国会会議での発話を記録したものであり、非常に特別な会話場面であると思われる。その会話場面に置かれた発話者が、それぞれ自分の主張と見解を宣言しなければならない、極めて対峙的な環境である。しかし、ビジネス会話の場面からも、「自己主張性」又は「攻撃性」を感じられる「〜（さ）せていただく」の存在が確認される。また、調査範囲から下対上の場合、「攻撃性」「自己主張性」が含まれた「〜（さ）せていただく」の用例が見当たらないが、それについて、李（2016）の調査ではそれに関する言及があるため、今後の調査から用例が確認できる可能性は十分に考えられる。

　なおこの他に、特殊な用法と考えられる以下のような例がある。

(26) 乃原先生に対する発言は、そのまま私に対する挑戦と**受け止めさせていただきます。**
　　　　　　　　　　　　　　　（『銀翼のイカロス』p.89、白井（国土交通大臣）⇒
　　　　　　　　　　　　　乃原（帝国航空再生タスクフォース・リーダー）
　会話の人物関係を分析すると、話し手は国土交通大臣の白井、そして聞

き手は同じ陣営の乃原（帝国航空再生タスクフォース・リーダー）である。この場面での白井の発言に、明らかに「攻撃性」が含まれているが、その「攻撃性」は聞き手の乃原に対するものではなく、乃原のメンツを潰した人物に対して「宣言」をした、と解釈する方が妥当である。つまり、話し手の「攻撃性」「自己主張性」は、必ずしも聞き手に対するものとは限らず、両者のコンセンサスにある第三者に対するものに成りうる。この点についての言及はまだ見られておらず、さらに考察する必要があると思われる。

4. 形式内に入る語の考察

ビジネス日本語会話における「〜（さ）せていただく」の形式内に入る語の調査を実施した研究は、筆者の管見の及ぶ範囲では見られない。しかし、ビジネス日本語会話の場面で使用している「〜（さ）せていただく」をより詳しく分析するためには、形式内に入る語の考察をする必要があると思われる。

今回の対象である 10 冊の経済小説を調査した結果、「〜（さ）せていただく」の形式内に入る語の延べ語数は 177 語であり、異なり語数は 103 語である。詳細は表 4 に示す。

「説明する」「やる」は今回の調査で最も多く使用されている形式内に入る語で、いずれも 11 回の使用を確認できる。その他、「検討する」「話す」「伺う」などの形式内に入る語も比較的多く用いられている。また、全体的に見れば、「融資する」「決裁する」「精査する」「審査する」「連携する」「交付する」「猶予する」など、日常生活会話では使用の数が少ないのではないかと思われる形式内に入る語が見られる。これはビジネス日本語会話の一種の特徴であると思われる。

「説明する」に関しては、11 回の中で、「本来用法」は僅か 2 例しか存在していないのに対して、「拡張用法」は 9 例確認できる。会話場面から見れば、そのうちの 10 例は会議の場面であり、1 例だけは面会の場面で

第五章　ビジネス日本語会話における「〜（さ）せていただく」について　　109

表4　「〜（さ）せていただく」の上接語の出現頻度

上接語	出現数	上接語	出現数	上接語	出現数	上接語	出現数
説明する	11	考える	2	伏せる	1	任せる	1
やる	11	決裁する	2	付き合う	1	設ける	1
検討する	8	詰める	2	甘える	1	設置する	1
話す	7	回付する	2	幹事	1	審査する	1
伺う	6	うち切る	1	回答する	1	省略する	1
手伝う	4	尋ねる	1	加える	1	失礼する	1
邪魔する	4	かける	1	使う	1	始める	1
報告する	4	こと	1	見送る	1	手を引く	1
相談する	3	広報室	1	見直す	1	受ける	1
同席する	3	ぶちあげる	1	交付する	1	受け止める	1
述べる	3	やめる	1	交渉する	1	提供する	1
対応する	3	把握する	1	解約する	1	体験する	1
調べる	3	白紙撤回する	1	進む	1	頑張る	1
挨拶する	3	参考	1	精査する	1	相手	1
そう	2	参上する	1	開催する	1	協力する	1
支援する	2	持ち帰る	1	開封する	1	続ける	1
務める	2	次	1	控える	1	猶予する	1
聞く	2	従う	1	連絡する	1	御礼	1
提出する	2	答える	1	連携する	1	張る	1
提案する	2	待つ	1	留任する	1	照会	1
書く	2	電話する	1	勉強する	1	振り込む	1
入る	2	発表する	1	判断する	1	整える	1
融資する	2	反論する	1	切る	1	質問する	1
確認する	2	反映する	1	親しく	1	主幹事	1
見る	2	返事する	1	取り計る	1		
担当する	2	取る	1	座る	1		

ある。また、全体的に見れば、話し手側から「許可を求める」の意思がある用例は「本来用法」の２例だけで、ほかの９例では、話し手側はただ次の行動「何かを説明する」という行為を丁重に伝えているように見える。類似した形式内に入る語は存在している。４回出現した形式内に入る語「報告する」と１回出現した形式内に入る語「発表する」も、５例とも会議の場面で使用されており、話し手は単なる「報告」「発表」という「次の行為」を丁重に伝えるため、「許可を求める」「恩恵を頂く」の意味が含まれず、「拡張用法」に分類できる。また、この行為は聞き手からの「恩恵」ではないため、ここでの使用は「本来用法」ではなく、前述のように、「説明させていただく」「報告させていただく」「発表させていただく」という表現はある種の「定着された表現」として使用される傾向を示している可能性がある。

「やる」の使用数は「説明する」と同じく 11 回使用されている。そのうち「本来用法」は６回であり、半数を超えているが、「拡張用法」と「変質用法」の用例も総数の半分ほど存在している。

(27) いろいろご厚意はありがたいのですが、交渉はそれぞれの方と個別に**やらせていただきます**。

（『人生に七味あり』p.216、

樫村徹夫（DFS 社長）⇒竜ヶ崎司郎（有限会社龍門興業代表））

例 (27) は、主人公である樫村徹夫が相手の提案を拒絶して、自分のやり方を徹すると宣言する場面での発言であり、「自己主張性」が強いと考えられる。「検討する」も、「本来用法」と「拡張用法」「変質用法」の割合も「やる」と類似している。

また、「本来用法」の用例数が圧倒的に多い形式内に入る語も確認される。「話す」の場合、７例のうち６例は「本来用法」であるのに対して、「拡張用法」が僅か１例であり、「変質用法」の用例が見られない。「手伝う」「邪魔する」なども、「本来用法」の用例しか見られず、偏りの強い形式内に

入る語と考えられる。

椎名（2021）が、BCCWJ と青空文庫を対象とした調査で、よく現れる上接語の一位・二位は「見る」「聞く」であると挙げている。それに対して、本書は経済小説を対象とした調査では、異なる傾向が見られる。つまり、ビジネス日本語会話場面における「〜（さ）せていただく」の形式内に入る語について、独自な特徴があると言えよう。

5．まとめ

今回は 10 冊の経済小説を考察して、ビジネス日本語会話における「〜（さ）せていただく」の分類を試み、ある程度その使用の実態を把握した。現代におけるビジネス日本語会話場面では、「〜（さ）せていただく」の「本来用法」の用例だけではなく、「拡張用法」と「変質用法」の用例も確認され、ビジネス日本語会話での「〜（さ）せていただく」の用法上の特徴をある程度把握した。特に「変質用法」における「〜（さ）せていただく」は、本来用法から大幅に変貌したものであり、「慇懃無礼」の意思が非常に強い。本論の第四章では、ビジネス日本語文書を対象とした考察を加え、ビジネス日本語文書での「〜（さ）せていただく」から、謙譲語 B への移行の傾向（謙譲語 B 化）があると論じている。ビジネス日本語会話にも、類似する傾向があることが判明した。また、本書の第四章では、場面や話し手の言い方によって「〜（さ）せていただく」に「警告」「自己主張性」の意思が含まれる場合もあると論じているが、ビジネス日本語会話場面からも「〜（さ）せていただく」の「警告」「自己主張性」を含む用例が見られる。

また、本章では「〜（さ）せていただく」の形式内に入る語の分析を試み、偏りの強い語の存在と「定着された表現」として使用されている用例が確認できた。しかし、「〜（さ）せていただく」の使用上の変化の全貌を掴むために、形式内に入る語だけではなく、文の全体や話者の関係など

の要素についても考察する必要があると考えられる。同じ形式内に入る語でも、会話場面の違いや話者の発話動機の違いによって、産出した文の性質も大きく変化する可能性は存在する。今後も文脈と形式内に入る語を合わせて考察する必要があると考えられる。

〈参考文献〉

司馬遼太郎（1990）『街道をゆく〈24〉近江・奈良散歩』朝日文庫

菊地康人（1997）『敬語』講談社学術文庫

菊地康人（1997）「変わりゆく「〜（さ）させていただく」」『特集 ポライトネスの言語』

茜八重子（2002）「「〜（さ）せていただく」について」『講座日本語教育』38巻 早稲田大学日本語研究教育センター

宇都宮洋子（2004）「「〜（さ）させていただく」の定型表現に関する調査」『待遇コミュニケーション研究』第2号

文化審議会答申（2007）『敬語の指針』文化庁 HP（http://www.bunka.go.jp/index.html）

松本修（2008）「東京における「〜（さ）せていただく」」『国文学』関西大学国文学会

李奬珍（2016）「衆議院の予算委員会における「させていただく」の使用実態とその用法の変化について：『国会会議録検索システム』を利用して」『言語の研究』第3号　首都大学東京言語研究会

譚新珂（2018）「ビジネス日本語文書における「〜（さ）せていただく」について：ビジネス日本語マニュアル本を中心に」『國學院大學日本語教育』10号　國學院大學日本語教育研究会

椎名美智（2021）『「させていただく」の語用論－人はなぜ使いたくなるのか－』ひつじ書房

〈調査資料〉

江波戸哲夫『集団左遷』（1993）祥伝社文庫（世界文化社（1993）初出）

高杉良『金融腐蝕列島』（1997）角川文庫

池井戸潤『銀行総務特命』（2002）講談社文庫

池井戸潤『オレたちバブル入行組』（2007）文春文庫（『別冊文藝春秋』（2003）初連載）

池井戸潤『株価暴落』（2007）文春文庫（『文藝春秋』（2004）初出）

池井戸潤『オレたち花のバブル組』（2010）文春文庫（『別冊文藝春秋』（2006）

初連載）

江上剛『銀行告発』（2006）光文社文庫

池井戸潤『ロスジェネの逆襲』（2015）文春文庫（『週刊ダイヤモンド』（2010
初連載）

江上剛『人生に七味あり』（2011）徳間文庫（『問題小説』（2011）初連載）

池井戸潤『銀翼のイカロス』（2017）文春文庫（『週刊ダイヤモンド』（2013 初連載）

第六章　ビジネス日本語文書における二重敬語
「お伺いする」などについて

1. はじめに

　日本語学習者にとって、敬語を完全に習得することは非常に困難であり、誤用例も多く見られる。また、実際には用いられている敬語でも、誤用を避けようとするあまり、学んだ規則から外れるものは誤用と認識する学習者も多い。このことから、外国人日本語学習者が敬語を学ぶためには、ただの文法項目として学習するだけでは、不十分であると言える。

　例えば、「二重敬語＝誤用」と認識している学習者は少なくない。しかし、二重敬語にも、慣用的に定着している表現が存在しており、たとえ形式上は二重敬語と判断されるものであっても、必ずしもその表現が「誤用」であるとは限らない。また、現在誤用と分類されている二重敬語であっても、今後受け入れられる可能性があるものも存在する。そこで本研究では、二重敬語に分類される謙譲表現「お伺いする」、「お伺いいたす」、「お伺い申し上げる」を取り上げ、ビジネス日本語文書における二重敬語の使用実態を明らかにする。

2. 二重敬語について

　二重敬語について、『敬語の指針』(2007) は以下のように定義している。
　　「一つの語について、同じ種類の敬語を二重に使ったものを「二重

敬語」という。例えば「お読みになられる」は「読む」を「お読みに
なる」と尊敬語にした上で、更に尊敬語の「……れる」を加えたもの
で、二重敬語である[1]。」

その上で、『敬語の指針』(2007) は、二重敬語の適否について、一般
的に適切ではないとされているが、語によっては、習慣として定着してい
るものも存在すると述べている。

文化庁は 1994 年 4 月に、「国語に関する世論調査」で二重敬語「どう
ぞおめしあがりください」という表現についてアンケート調査を行って
いる。その結果、84.5％の回答者が「気にならない」と回答したという。
この形について、菊地 (1996) は「どうぞおめしあがりください」とい
う表現は従来からの用法であり、誤用ではないとしている。

また、同調査では「おめしあがりください」と同様に二重敬語である「先
生がおっしゃられたように」についても調査しているが、「気にならない」
という回答は 71.9％を占めている。また、「お客様はお帰りになられまし
た」に対する「気にならない」という回答は 73.2％となっている。次い
で 1998 年の「国語に関する世論調査」でも、「鈴木さんはおいでになら
れますか」を正用と考えている回答者は 69.9％に達している。更に 2003
年の「国語に関する世論調査」では、「お客様がお見えになった」「先生がおっ
しゃられたように」について、正用と考えている回答者はそれぞれ 60％
を上回っている。このように、現代社会において、二重敬語に対する許容
度は高まっていると考えられる。

3. 調査対象について

本研究では、ビジネス日本語文書マニュアル本を対象にして、ビジネス
日本語文書における二重敬語を考察する。実際のビジネス日本語文書を入

---

[1] なお、二つの語（または二つ以上の語）を敬語にして「て」で繋ぐものは二重敬語ではなく、敬語連
結であるとされており、本稿でもこの敬語連結は問題にしない。

第六章　ビジネス日本語文書における二重敬語「お伺いする」などについて　　117

手できない以上、ビジネス日本語文書マニュアル本の例文を研究対象にするのは最も妥当な方法であると考える。そこで本章では以下のA〜Fを取り上げ、「お伺いする」「お伺いいたす」「お伺い申し上げる」の使用実態を調査する[2]。

A 横須賀てるひさ、藤井里美（2008）『そのまま使える「ダウンロード特典付き」ビジネス文書例集』かんき出版

B 長峰洋子、田辺麻紀（2003）『そのまま使えるビジネス文書458文例in　CD-ROM』こう書房

C 志田唯史（2003）『最新決定版！CD-ROM付きビジネス文書基本文例230』オーエス出版

D 日本実業出版社（2002）『最新版会社文書・文例全書800文例CD-ROM付』日本実業出版社

E 山瀬弘（2002）『必要な文書がすぐ見つかるCD-ROM付きビジネス文書文例集』池田書店

F 鈴木あつこ（2010）『すぐに使え応用がきくビジネス文書文例事典』新星出版社

4. マニュアル本における「お伺いする」「お伺いいたす」「お伺い申し上げる」

4.1 全数調査

　今回の調査で、対象の6冊から確認した「お伺いする」「お伺いいたす」「お伺い申し上げる」の使用状況を所ページ表1に示す。

　対象の6冊を調査した結果を見ると、2500例を超える例文から確認できた「お伺いする」「お伺いいたす」「お伺い申し上げる」の例文数は少ないということがわかる。ただし、表現別の出現数と各書籍での使用傾向に

---

[2] 資料のA〜Fの順は、論述の都合に合わせたもの。

表1　「お伺いする」「お伺いいたす」「お伺い申し上げる」の使用状況

	資料A	資料B	資料C	資料D	資料E	資料F	合計
お伺いする	2例	15例	2例	15例	4例	0例	38例
お伺いいたす	2例	1例	3例	8例	3例	0例	17例
お伺い申し上げる	2例	0例	0例	1例	4例	0例	7例

ついては違いが見られる。

　全体的にみると、「お伺いする」の例文数が最も多い。それに対して、「お伺い申し上げる」の例文数は、今回調査した6冊すべてを合わせても僅か7例しか見られない。また、資料Fでは、「お伺いする」「お伺いいたす」「お伺い申し上げる」のいずれの例文も採用されていない。

4.2 各マニュアル本別の使用状況

　以下では、ビジネス日本語文書マニュアル本別に、「お伺いする」「お伺いいたす」「お伺い申し上げる」の各種ごとに「社外文書」「社交文書」「社内文書」に区分し、さらに使用場面別に分類してみる。なお、「社交文書」とは、お礼状や感謝状、または挨拶状など、礼儀的な役割を果たす文書のことを指す。

4.2.1 資料Aの使用状況

　資料Aにおける「お伺いする」「お伺いいたす」「お伺い申し上げる」の使用数はそれぞれ2例である。その使用について、使用場面別に分類したものを次ページ表2に示す。

　資料Aでは、社交文書における例文数は0例である。また、「訪ねる」の意味で使用される「お伺いする」「お伺いいたす」「お伺い申し上げる」は見られず、使用場面は「照会」（2例）、「上申」（3例）、「申し込み」（1例）

第六章　ビジネス日本語文書における二重敬語「お伺いする」などについて　　119

表２　資料Ａにおける「お伺いする」「お伺いいたす」「お伺い申し上げる」

	社外	社交	社内	合計	意味	場面
お伺いする	２例	０例	０例	２例	聞く（2）	照会（1）、申し込み（1）
お伺いいたす	０例	０例	２例	２例	尋ねる（2）	上申（2）
お伺い申し上げる	１例	０例	１例	２例	尋ねる（2）	照会（1）、上申（1）

である。

　例文の一部を以下に示す。

(1)　業務の円滑化を図るため、コピー機の購入の件を、お伺いいたします。

　　　　　　　　　　　　　　　　　　　　　　　（社内文書・上申）

(2)　早速ですが、弊社が今冬発売いたしました携帯用ゲーム機「ハイパー
　　ラリオ」の売れ行き状況について、お伺い申し上げます。

　　　　　　　　　　　　　　　　　　　　　　　（社外文書・照会）

(3)　さて、まずは突然のご連絡をさせていただくことをお許しください。
　　弊社はメンズ中心のアパレルショップを展開しております。御社は最近
　　頭角を現している藤谷美里氏デザインのＴシャツを取り扱っている会社
　　とお伺いしました。

　　　　　　　　　　　　　　　　　　　　　　　（社外文書・申し込み）

4.2.2 資料Ｂの使用状況

　資料Ｂにおける「お伺いする」の例文数は15例、「お伺いいたす」の
例文数は１例、「お伺い申し上げる」の例文数は０例である。使用場面別
に分類したものを次ページ表３に示す。

　資料Ｂで使用されている表現には大きな偏りが見られる。「お伺いする」

表3　資料Bにおける「お伺いする」「お伺いいたす」「お伺い申し上げる」

	社外	社交	社内	合計	意味	場面
お伺いする	5例	9例	1例	15例	尋ねる (2)、聞く (3)訪ねる (10)	稟議 (1)、依頼 (2)、照会 (2)、督促 (1)、祝賀 (2)、お礼 (6)、紹介 (1)
お伺いいたす	0例	1例	0例	1例	訪ねる (1)	見舞い (1)
お伺い申し上げる	0例	0例	0例	0例		

は使用場面が多岐にわたり、他の表現と比較すると多く使用されている。それに対して「お伺いいたす」は1例のみで、「お伺い申し上げる」は使用例が見られない。「伺う」が「訪ねる」の意味で使用されている例文は11例で、そのうちの10例は社交文書から抽出した例文である。

　例文の一部を以下に示す。

(4) 標記の件について下記の通り実施してよろしいか、お伺いします。

(社内文書・稟議)

(5) 近いうちにお伺いいたしますが、まずは略儀ながら書面をもってお祝いを申し上げます。

(社交文書・祝賀)

(6) 近日中にお見舞いにお伺いする所存ですが、まずは取り急ぎ書中をもってお見舞い申し上げます。

(社交文書・見舞い)

4.2.3 資料Cの使用状況

　資料Cでは、「お伺いする」の例文が2例、「お伺いいたす」の例文が3例見られる。資料Cにおいても、「お伺いする」「お伺いいたす」「お伺

第六章　ビジネス日本語文書における二重敬語「お伺いする」などについて　121

表4　資料Cにおける「お伺いする」「お伺いいたす」「お伺い申し上げる」

	社外	社交	社内	合計	意味	場面
お伺いする	0例	2例	0例	2例	訪ねる (2)	見舞い (2)
お伺いいたす	2例	1例	0例	3例	訪ねる (3)	申し込み (1)、送付 (1)、見舞い (1)
お伺い申し上げる	0例	0例	0例	0例		

い申し上げる」の例文は全体的に少なく、特に「お伺い申し上げる」は1例も見られない。使用場面も限られており、見舞い、申し込み、送付の3つの場面しか使われていない。

　また、資料Cでは、「尋ねる」「聞く」の意味で「伺う」が使用されている例文は見られず、すべて「訪ねる」の意味で使用されている。この結果は資料Aで見られる例文とは異なる結果であると言える。分類したものを以下の表4に示す。

　また、例文の一部を以下に示す。

(7)　貴社のご都合に合わせて<u>お伺いいたし</u>ますので、ご一報いただければ幸甚です。

（社外文書・申し込み）

(8)　さっそく<u>お伺いして</u>お見舞い申し上げるのが本意ではございますが、遠隔地ゆえそれも叶いませず、取り急ぎ寸書をもってお見舞い申し上げます。

（社交文書・見舞い）

4.2.4 資料Dの使用状況

　資料Dにおける該当例文数は、今回調査したマニュアル本の中で最も多く、合計24例である。使用場面も最も多様で、合計12場面の「お伺

いする」「お伺いいたす」「お伺い申し上げる」の例文を確認することができる。そのうち 15 例は「お伺いする」であり、次いで「お伺いいたす」が 8 例、その一方で「お伺い申し上げる」は 1 例しか見られない。

「伺う」の意味別にみると、「訪ねる」の意味で使用される例文が 12 例、「尋ねる」の意味で使用される例文が 11 例である。それに対し、「聞く」の意味で使用される例文は僅か 1 例である。また、「依頼」場面における例文が多いことも、資料 D の一つの特徴であると言える。

例文の一部を以下に示す。

(9) つきましては、同フェアに当社新開発の製品「○○○」を下記のとおり出展いたしたく<u>お伺いいたします</u>。

（社内文書・稟議）

(10) さて、<u>先日お伺いしました</u>節は、ご多用中にもかかわらず、長時間ご歓談いただきありがとうございました。

（社外文書・依頼）

(11) まずは、とりあえずご都合のほど<u>お伺い申し上げます</u>。

（社外文書・申し込み）

表 5　資料 D における「お伺いする」「お伺いいたす」「お伺い申し上げる」

	社外	社交	社内	合計	意味	場面
お伺いする	10 例	4 例	1 例	15 例	尋ねる (5)、聞く (1)、訪ねる (9)	案内 (3)、断り (1)、稟議 (1)、弔い (1)、お礼 (3)、依頼 (1)、陳謝 (1)、お見舞い (2)、紹介 (1)、挨拶 (1)
お伺いいたす	7 例	0 例	1 例	8 例	尋ねる (5)、訪ねる (3)	依頼 (6)、お詫び (1)、稟議 (1)
お伺い申し上げる	1 例	0 例	0 例	1 例	尋ねる (1)	申し込み (1)

4.2.5 資料 E の使用状況

　資料 E において、該当する例文数は 11 例である。「お伺いする」「お伺いいたす」は社内文書では 1 例も見られず、社外文書と社交文書に集中する傾向がある。また、資料 E では「お伺い申し上げる」の例文が 4 例見られる。これは、今回調査した 6 冊で最も多い例文数である。この 4 例がいずれも社内文書に見られる例文であることは、資料 E の特徴であると言える。

　例文の一部を以下に示す。

(12)　近日中にお見舞いにお伺いする所存でございますが、とりあえず
　　　書中をもちましてお見舞い申しあげます。

(社交文書・見舞い)

(13)　なお、詳細についてご質問等がございましたら、担当の者がご説
　　　明にお伺いいたしますので、お気軽にご一報くださいますようお願い申
　　　しあげます。

(社外文書・送付)

(14)　例年開催されておりますビジネス・プロジェクト主催の〈運営プ
　　　ロジェクト〉についての研修会が下記のとおり開かれますので、本年は
　　　6 名の参加を希望いたしたくお伺い申しあげます。

(社内文書・上申)

表 6　資料 E における「お伺いする」「お伺いいたす」「お伺い申し上げる」

	社外	社交	社内	合計	意味	場面
お伺いする	1 例	3 例	0 例	4 例	尋ねる (1) 訪ねる (3)	承諾 (1)、お見舞い (2)、お礼 (1)
お伺いいたす	1 例	2 例	0 例	3 例	尋ねる (1) 訪ねる (2)	送付 (1)、紹介状 (1)、お見舞い (1)
お伺い申し上げる	0 例	0 例	4 例	4 例	尋ねる (4)	進退伺い (1)、採用 (1)、新規購入 (1)、上申 (1)

124

表7　資料Fにおける「お伺いする」「お伺いいたす」「お伺い申し上げる」

	社外	社交	社内	合計	意味	場面
お伺いする	0例	0例	0例	0例		
お伺いいたす	0例	0例	0例	0例		
お伺い申し上げる	0例	0例	0例	0例		

4.2.6 資料Fの使用状況

　資料Fにおいて「お伺いする」「お伺いいたす」「お伺い申し上げる」の用例は見られない。他の5冊は、全体的に見れば該当例文はそれほど多くはないが、多少の該当例文が見られる。しかし、資料Fでは、「伺う」類の表現は存在するが、二重敬語「お伺いする」「お伺いいたす」「お伺い申し上げる」の例文は全く見られない。その点からみると、本書は特徴的な一冊であると言えよう[3]。

4.3　全体の使用状況について

　まずは、全体的な使用状況を次ページ表8にまとめる。

　他の2形式より、「お伺いする」の使用数が最も多く、62例のうち38例は「お伺いする」である。社内文書からは僅か2例だけ確認され、他の例文はすべて社外文書（18例）と社交文書（18例）から確認できたものである。

　「お伺いいたす」は今回の調査で合計17例の使用が確認され、そのうち社外文書での使用は最も多く、10例確認される。そのほか、4例は社交文書で、3例は社内文書である。

　「お伺い申し上げる」は今回取り上げる3形式のうちで、使用数が最も

---

[3] なお、資料Fでは該当する例文は1例も見当たらないが、「お伺いを申し上げる」の例文が1例だけ見られる。『敬語の指針』に記載されている「二重敬語」の定義では、この例文は「二重敬語」に該当しないことになる。したがって本研究では該当例文から除外した。

第六章　ビジネス日本語文書における二重敬語「お伺いする」などについて　　125

表 8　全体の集計

	社外文書	社交文書	社内文書	合計
お伺いする	18 例	18 例	2 例	38 例
お伺いいたす	10 例	4 例	3 例	17 例
お伺い申し上げる	2 例	0 例	5 例	7 例
合計	30 例	22 例	10 例	62 例

少ない形式である。7 例のうち、2 例は社外文書で使用されており、ほか
の 5 例は社内文書から見られる。

5. ビジネス日本語文書における「お伺いする」「お伺いいたす」「お伺い申し上げる」についての考察

　まず、今回取り上げた 6 冊のビジネス日本語文書マニュアル本には、「お
伺いする」の例文が最も多い。それに対して、「お伺い申し上げる」の例
文数は最も少なく、例文が全く見当たらないマニュアル本もある。つまり、
ビジネス日本語文書の場合、「お伺いする」は多用されているが、「お伺い
申し上げる」はそれほど使用されていない。

　次に、本調査で取り上げた 3 形式「お伺いする」「お伺いいたす」「お
伺い申し上げる」と二重敬語ではない「伺う」を用いた文の使用比率につ
いて次ページ図 1 に示す。

　今回の考察対象とした 6 冊の中で「伺う」類の表現は計 154 例見られ
る。そのうち「お伺いする」「お伺いいたす」「お伺い申し上げる」の例文
数は合計で 62 例である。つまり、「二重敬語」の特徴を持つ「伺う」類
の表現は「伺う」表現全体の 4 割以上を占めている。このことから、ビ
ジネス日本語文書では、「お伺いする」「お伺いいたす」「お伺い申し上げる」
が慣用として定着した表現として使用されていると言える。

なお、今回考察対象とした資料Fのような、「お伺いする」「お伺いいたす」「お伺い申し上げる」を一切使用していないマニュアル本も存在していることから、すでに一般的に「習慣として定着している」と人々が認識している表現に対して、意識してその使用を避けている人や抵抗感を持っている人が存在する可能性も考えられる。

マニュアル本によって多少の差異は存在するが、全体的には「お伺いする」の例文数が最も多く、合計38例である。使用場面別に見ると、「社外」と「社交」の「お伺いする」の例文数はいずれも18例である。それに対して、「社内」での使用は少なく、僅か2例しか見られない。また、38例のうち、「聞く」の意味で使用されている例文が6例、「尋ねる」の意味で使用されている例文が8例、「訪ねる」の意味で使用されている例文が22例であることから、使用傾向には偏りがあると言える。また、使用されている場面

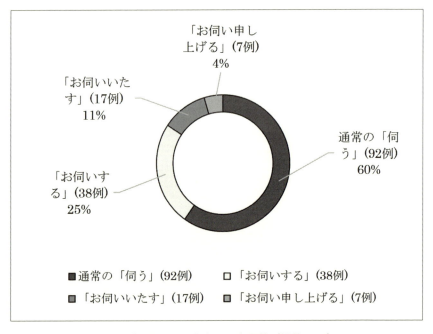

図1 「伺う」類の各表現の出現数（総数154）

を細かく見ると、「照会」「申し込み」「稟議」「依頼」「督促」「祝賀」「お礼」「紹介」「案内」「断り」「陳謝」「承諾」「弔い」「お見舞い」「挨拶」の15場面のうち「お礼」の例文数が11例で、最も多く使用されている場面である。

　今回の調査で「お伺いいたす」の例文数は「お伺いする」の半分に満たず、合計17例である。そのうち「社外」は10例、「社交」は4例、「社内」は3例見られ、「社外」での使用が最も多いことがわかる。また、「お伺いいたす」を意味別に見ると、「訪ねる」の意味の例文が9例、「尋ねる」の意味の例文が8例見られるが、「聞く」の意味の例文は1例も見られない。また、使用されている場面も「お伺いする」より少なく、「申し込み」「送付」「お詫び」「依頼」「お見舞い」「紹介」「稟議」「上申」の8場面のみである。

　本調査で取り上げた3形式のうち、「お伺い申し上げる」の例文数は僅か7例で、例文数が最も少ない形式である。場面別に見ると、「社外」での例文は2例で、「社交」では該当する例文は見られず、「社内」での例文は5例である。また、「お伺い申し上げる」の例文はいずれも「尋ねる」の意味で使用されており、「聞く」と「訪ねる」の意味で用いられている例文は存在しない。これは、今回の調査で明らかになった「お伺い申し上げる」の特徴の一つであると言える。

　また、共通点として、3形式とも「社内」で使用される場合、いずれの例文も「下から上」という上下関係が設定された場面で使用されていることが明らかになった。

　更に、参考として、BCCWJ（少納言）を使用して「お伺いする」「お伺いいたす」「お伺い申し上げる」の使用状況を調べた結果（全対象、全期間）、「お伺いする」は1400例を超えているのに対して、「お伺いいたす」は300例未満、「お伺い申し上げる」は僅か9例しか見られない。この例文数の偏りは今回の6冊のビジネス日本語文書マニュアル本を調査した結果を裏付ける。

6. まとめ

　今回の調査ではビジネス日本語文書における二重敬語「お伺いする」「お伺いいたす」「お伺い申し上げる」の使用傾向を概観した。現代におけるビジネス日本語文書では、「お伺いする」「お伺いいたす」「お伺い申し上げる」が一般的に使用されているが、例文が見られないマニュアル本も存在していることから、この3形式について、使用を避けた方がよいと考える人もいる可能性があると考えられる。今後は考察対象を増やして、更に研究を進める必要がある。

〈参考文献〉

菊地康人（1994）『敬語』角川書店 [2010、講談社学術文庫から再刊]

菊地康人（1996）『敬語再入門』丸善ライブラリー [1997、講談社学術文庫か
ら改訂再刊]

文化審議会（2007）『敬語の指針』文化庁ウェブサイト（https://www.bunka.
go.jp/keigo_tousin.pdf）

諸星美智直（2012）「日本語ビジネス文書学の構想－研究分野と研究法－」『国
語研究』第 75 号

文化庁『国語に関する世論調査』文化庁ウェブサイト

（https://www.bunka.go.jp/tokei_hakusho_shuppan/tokeichosa/kokugo_
yoronchosa/index.html）

〈調査資料〉

日本実業出版社（2002）『最新版会社文書・文例全書 800 文例 CD-ROM 付 』
日本実業出版社

山瀬弘（2002）『必要な文書がすぐ見つかる CD-ROM 付きビジネス文書文例集』
池田書店

長峰洋子、田辺麻紀（2003）『そのまま使えるビジネス文書 458 文例 in　CD-
ROM』こう書房

志田唯史（2003）『最新決定版！ CD-ROM 付きビジネス文書基本文例 230』オー
エス出版

横須賀てるひさ、藤井里美（2008）『そのまま使える「ダウンロード特典付き」
ビジネス文書例集』かんき出版

鈴木あつこ（2010）『すぐに使え応用がきくビジネス文書文例事典』新星出版
社

第七章　日中謙譲表現についての対照研究

1. はじめに

　日本語の敬語は複雑で、特に敬語は、学習者にとって最も困難な分野と言える。ビジネス日本語の中には、敬語表現が大量に使用されており、学習者が各種の敬語を混用・誤用するケースは多い。商談や会議など、いわゆるビジネスの場面では、敬語を正しく使用することが非常に強調されていると考えられる。いかに正しく敬語を学習・理解するかは、日本語教育の重要な課題である。謙譲語は敬語を構成する重要な要素である。

　中国語にも似たような用語（謙辞）が存在しており、日本語における謙譲表現と比べて、違いもあるが、中国語における「謙辞」の使用数が少ないという特徴が目立つ。それらの相違点を明らかにする。

2. 先行研究

2.1 現代日本語における「謙譲語」

　現代日本語における謙譲語について、『敬語の指針』（文化審議会、2007）では、「謙譲語Ⅰ」と「謙譲語Ⅱ」を設け、「謙譲語Ⅰ」は「自分側から相手側又は第三者に向かう行為・ものごとなどについて，その向かう先の人物を立てて述べるもの」であり、「謙譲語Ⅱ」は「自分側の行為・ものごとなどを，話や文章の相手に対して丁重に述べるもの」であると定

義している。菊地 (1997) は、謙譲語を謙譲語Aと謙譲語Bに分けている。その内の謙譲語Aは、「話し手が補語を高め、主語を低める（補語よりも低く位置づける）」であるのに対し謙譲語Bは「話し手が主語を低める表現である」と述べ、最も大きな違いは、謙譲語Aは「補語を高める」機能を持っているのに対して、謙譲語Bはそのような機能を持っていない点であるとしている。菊地 (1997) の謙譲語A・謙譲語Bは、『敬語の指針』(文化審議会、2007) の謙譲語Ⅰ・謙譲語Ⅱと対応している。「お（ご）……いたす」に関しては、両方の性質を持つ語形として、菊地 (1997) は「謙譲語AB」と命名し、『敬語の指針』(文化審議会、2007) は「謙譲語Ⅰ」兼「謙譲語Ⅱ」である語と述べている。

2.2 中国語における「敬語」と「謙辞」
2.2.1 中国語における「敬語」の分類

『現代汉语辞典 (第七版)』(2016) は、現代中国語の「謙辞」について、「含谦虚口吻的言辞，如"过奖、不敢当"等。谦称词语，是谦辞的一部分。谦称是对自己或与自己相关的人、事物的谦卑的称呼。」(筆者訳：謙辞とは、謙遜する言辞である。例えば「过奖、不敢当」など。謙称は、謙辞の一部である。謙称とは、自分や自分側を低くする呼び方である。) であると定義している。それに対して、「敬辞」は「含恭敬口吻的用语，如"请问，借光"等。敬称、尊称词语，是敬辞的重要组成部分。敬称、尊称，是对他人或与他人有关的事物的尊敬称呼。」(筆者訳：敬辞とは、敬う態度を示す言辞である。例えば「请问、借光」など。敬称、尊称は、聞き手や聞き手側に対して、敬った呼び方である。) と定義している。日本語の「謙譲語」「尊敬語」と類似している。

黄 (2003) は、中国語の敬語は大きく分けると「敬辞」「謙辞」「礼貌語」の三種類に分けられると論じている。「敬辞」は「敬辞是含有尊敬意义和态度色彩的词，它用于指称他人（主要是对方）或与他人有关的人或事。」(筆者訳：敬辞とは、尊敬の意味や態度が含まれた語であり、主に相手や相手

側の関係者や物事に使う）のという敬語であるのに対して、「謙辞」は「謙辞是含有謙卑意義和態度色彩的詞，用于指称自己或与自己有関的人或事。」（謙辞とは、謙遜な意味や態度が含まれた語であり、主に自分や自分側の関係者や物事に使う）という敬語である。符（1992）は、中国語における敬語を「尊称」「謙称」「一般交際用語」と分類している。「尊称」は「敬辞」と類似しており、相手や相手側或いは相手と関係する人や物事などに使う。それに対して、「謙称」は「謙辞」と似たような場面で使われると論じている。「一般交際用語」は「挨拶語」「助けを求める語」「助けてもらった語」の三種類に細かく分けている。なお、中国語の敬語に関する分類については、他にもあるが、以上のような分類が主なものと思われる。

2.2.2 中国語における「謙辞」について

　刘恭懋（2002）は、「非称謂礼貌語（敬譲語）」は「語」形式と「句」形式の両方が存在しており、形容詞、動詞、名詞、副詞なども確認されていると論じている。このほか、马（2004）は、性質上の違いから謙辞を「謙称」と「謙謂」に分けて、「謙称」は主に呼称語で、更にそれを「有標性謙称」（謙遜な要素（例：“鄙、敝、賎、小、愚、拙など、マイナス的なイメージをする語）が含まれる謙称である）と「無標性謙称」（謙遜な要素が含まれない謙称である）に分類している。これに対して、「謙謂」は話し手側の行為や動作、或いは聞き手側の行為や動作などを表す表現であると述べている。刘宏丽（2001）は、用法から「謙辞」を「称謂性謙辞」と「表述性謙辞」に分類している。曾（2015）は中国語における「謙辞」について、「指称性謙辞」と「表述性謙辞」に大きく分けている。

　これらにより種々の細分類も行われているが，本稿ではそうした細分類にまでは立ち入らずに「謙辞」と括って扱う。

2.2.3「商務中国語」について

　中国語における「商務中国語」は、広義には「ビジネス的な場面で使用

されている中国語表現・用語のことを指している。それに対して、狭義の
「商務中国語（商务汉语）」は、大学が開設した学科の学科名である。

3. 研究対象

　本研究では、まず商務中国語例文集を取り上げ、商務中国語における謙
辞の使用状況を確認し、ビジネス日本語における謙譲表現と比較する。
　諸星（2012）は「ビジネス日本語の研究資料として、現実の企業で行
われる会話や文書等を対象とすることは研究者の願うところではあるが、
企業の秘密保持の観点からこれを調査資料とすることは容易ではない。」
と述べている。周乗風（2016）や叶（2015）などのように、ビジネス日
本語マニュアル本を使用して研究を行う先例が存在するものの、基本的に
は本物の業務メールや手紙を取り上げた研究が見られない。そこで、市販
のマニュアル本や例文集は、この場合に最も実物に近い資料として、研究・
考察する価値があると考えられる。また、教材などは、言語専門家も関与
していることが多く、正式に出版している教材である以上、その専門性と
正確さは信頼できると考えられる。今回はビジネス日本語ではなく商務中
国語を中心に調査を行っているが、類似している状況であると考えられる。
以上の理由で、本研究では商務中国語例文集と商務中国語の教材を研究対
象として扱う。今回取り上げた資料を以下に示す[1]。
　　CA『新丝路 商务汉语写作教程』（2009）
　　CB『卓越汉语 公司实战篇』（2010）
　　CC『商务汉语 800 句』（2012）
　　CD『卓越汉语 商务写作（上册)』（2018）
　　CE『基础实用商务汉语（第三版)』（2018）
　　CF『商务汉语写作教程』（2019）

---

[1] 「CA」の「C」は中国で出版されている資料の意である、以下同様。

第七章 日中謙譲表現についての対照研究　　135

4. 商務中国語における謙譲表現について

　中国で正式に出版されている商務中国語の教材などを使用して、商務中国語文書における「謙辞」の使用状況を調査する。実物の商務中国語文書(手紙や契約書など）を調査資料とするのが最も望ましいが、著作権や秘密保守のことを考えると、商務中国語文書の教材やマニュアル本などが安全であるため、本研究ではそれらの資料を研究対象にする。

4.1　CA『新丝路 商务汉语写作教程』(2009)

　本書は、場面を「说明」「通知」「请柬」「便条」「启事和声明」「催款书」「催货书」「询价函」「答复函」「接收函」のように設けて、商務中国語文書の書き方について説明している。しかし、例文の部分に「謙辞」は見られない。短文の説明文に以下の例文が見られる。例文に筆者による日本語訳を付す。

(1) 条件有限，<u>招待不周</u>，请你们原谅。

　　　　　　　　　　　　　　（『新丝路商务汉语写作教程』- 报告 -p.126)

　（能力が限られており、おもてなしが不十分であることを、お許しください。）

　例（1）の文に見られる「<u>招待不周</u>」という表現は、CA はそれを「客套话」[2] として説明しているが、ここでは、「本当は不足なことはないが、自分側から提供したおもてなしが不十分だと主張して、謙遜する意味を示す」の意味があり、「客套话」ではあるが、自分側を下げる意味も含まれている謙譲表現である。『现代汉语词典　第七版』では、「不周」について、形容詞と定義し、「不備、完璧ではない」と説明しているが、「謙辞」と定義していない。しかし、この例文全体を見る限りでは、発話者側の「自謙」

---

[2]「客套话」：お世辞、挨拶語、愛想のよい言葉

136

は明らかであると言える。

4.2 CB『卓越汉语 公司实战篇』(2010)

本書は「初到公司」「会见客户」「考察市场」「参观工厂」「部门会议」「认识同行」「产品展示」「汇报工作」「人际交往」「赠送礼物」「理财投资」の11課を設け、それぞれの場面に合わせて会話文を作り上げている。

CB には以下の例文が見られる。例文に筆者による日本語訳を付す。

(2) 潘厂长：你好你好。我也很高兴认识呀。高总，看来，你们公司已经开始网罗海外的人才了。

胡中信：<u>哪里哪里</u>，我是来实习的，主要是来学习，还请您多指教。

（工場長の潘さん：どうもどうも。会えて嬉しいですよ。高社長、どうやらそちらの会社は既に海外の人材を招くことを始めていますね。

胡中信：<u>恐れ入ります</u>。私はただのインターンで、色々学習するために来たので、どうもご指導をよろしくお願い致します）

(3) 张：我姓张，这是我的名片。

胡中信：谢谢，谢谢。这是我的名片，这是我第一次参加展销会，请您多指教。

张：<u>不敢当，不敢当</u>。你的中国话说的很好啊，在哪儿学的？

（張：張と言います、これは私の名刺です。

胡中信：どうもどうも。これは私の名刺です。展示即売会に参加するのは初めてですので、ご指導をよろしくお願いします。

張：<u>恐れ入ります</u>。中国語が上手ですね。どこで習いましたか？）

『现代汉语辞典（第七版）』(2016) の「謙辞」についての説明では「不敢当」「过奖」などを「謙辞」の例として挙げている。「哪里哪里」は挙げていないが、その意味用法は「不敢当」と類似していると考えられる。例(2) の「哪里哪里」は、工場長の潘さんの発話で、潘さんが胡中信に「人材」という評価を付けたことに対して、胡中信は謙虚な姿勢を示すために

この表現を使用したと考えられる。それと類似していると考えられるのは、例（3）の張の「不敢当、不敢当」で、胡中信が自分（張）を指導者の立場と捉えていることに対して「いや私なんかではその資格はないですよ」という発話者の気持ちが含まれ、謙虚な姿勢を表す表現の一種と言える。

4.3 CC『商务汉语 800 句』(2012)

CC の例文はすべて短例文の形で、「投资」「管理」「人力资源」「生产」「广告」「营销」「谈判」「物流」「海关」「交流」「金融」「保险」「财务」「纠纷」「专利」「应酬」「礼仪」「企业文化」の 18 場面に分けられている。また、本書の例文は全部会話文で、ある程度商務中国語の実態を反映していると言える。

本書には、「谦辞」の用例が一例もなかった。しかし、謙虚な姿勢を表す例文は一例見られた。例文に筆者による日本語訳を付す。

(4) A：小王，欢迎你加入我们部门。

　　B：<u>我对广告不是很在行，有很多要请教各位的，麻烦大家了</u>。

（『商务汉语 800 句』- 调动 -p.59）

　　（A：王さん、ようこそ私たちの部門へ。

　　B：広告について，あまりよくわからないので、皆さんに色々ご指導をよろしくお願い致します。）

例（4）の B の発話は、「自分はまだまだ未熟です」の意味があり、相手を指導者の立場に立てることによって、謙遜の役割を果たしているが、謙譲表現とは言えない。

4.4 CD『卓越汉语・商务写作』上册（2018）

『卓越汉语・商务写作』上册（以下は CD）の商務中国語文書の例文は、使用場面別で、「条据」「通知」「启事」「声明」「证明信」「介绍信」「推荐信」「求职信和个人简历」「竞聘词」「辞职信」「聘书」「请柬和邀请信」「欢迎词和欢送词」「祝酒词」「答谢词」「开幕词和闭幕词」「贺信」「感谢信」「道歉信」「建议信」に分類している。

138

　本資料には、「謙辞」を使用した例文は 5 例見られる。例文に使用された「謙辞」を以下に示す。例文に筆者による日本語訳を付す。

(5)　如果<u>承蒙</u>领导和同事厚爱，让我走上办公室主任岗位，我的工作思路
　　　如下：……

（『卓越汉语・商务写作上册』- 竞聘词 -p.81）

　　（上司と同僚からのご厚意を承り、私は主任という役を任されて、以下
　のように役割を果たします：……）

(6)　我相信，<u>这些</u>工作经验将会帮助我更好地开展工作，为本行的发展贡
　　　献一份<u>绵力</u>。

（『卓越汉语・商务写作上册』- 竞聘词 -p.83）

　　（私は、これらの経験が必ず仕事の役に立ち、本行の発展に<u>いささか</u>力
　になれると信じています。）

(7)　我自前年从华东商学院企业管理专业毕业到饭店工作后，<u>承蒙</u>总经理
　　　厚爱，不久我便被分配负责餐饮部工作。

（『卓越汉语・商务写作上册』- 欢迎词和欢送词 -p.115）

　　（部長のご厚意を蒙り、私は一昨年で華東商学院企業管理専攻を卒業し
　た後、ホテルに入り飲食部の仕事を任されました。）

(8)　我叫赵晖，是阳光旅行社的导游，大家可以叫我<u>小赵</u>。

（『卓越汉语・商务写作上册』- 辞职信 -p.92）

　　（私は趙晖、陽光旅行会社のガイドで、皆さんは私のことを「<u>小趙</u>」と
　呼んでね。）

(9)　以上各项，<u>如蒙</u>同意，建议互派科研主管人员就有关内容进一步磋商，
　　　达成协议，以利工作。

（『卓越汉语・商务写作上册』- 建议函 -p.177）

　　（以上、ご同意を<u>いただければ</u>、各研究主任を集め、詳しい内容につい
　て協議し、契約を締結することを提案します。）

　本資料の「謙辞」の種類と数は少なく、「承蒙」「绵力」「小赵」「如蒙」
の 4 語しか見られない。『漢語規範大学堂 3- 謙詞謙語』（2018）では「绵

第七章　日中謙讓表現についての対照研究　　139

力」について「绵力，谓能力薄弱，常作谦词用」のように解釈しており、『**谦词敬词婉词词典（增补本）**』(2010) も、「绵力」に対して「谦词。绵，软弱，薄弱。绵、棉，古今字。谦称自己能力薄弱」と解釈している。

　「绵力」「小赵」は、马 (2004) の分類法によれば、「小」は「有標性謙称」の類に分類できると考えられるため、「小赵」は自分のことを低くする呼称であると考えられる。「绵力」が呼称語ではないが、「力」の強さに対して「绵」という語を付けることで、取ることにならないほど「柔らかい力」の意味を表し、発話者の謙虚な姿勢を表現している。このように、CA に見られる「小赵」「绵力」が「謙辞」として使われていると言える。

　刘恭懋 (2002) は「承」と「蒙」に対して以下のように述べている。筆者による日本語訳を付す。

【承】chéng 蒙受。谦让语。用于对他人的赐予，关照，器重，怜爱等表示感激之情，有时兼有愧受之意。

（「承」被る、受ける。謙譲語。他人の恩恵、お気遣い、重んずる、かわいがるなどに対しての感激、時には過剰評価を受けた意味を兼ねる。）

【承蒙】chéng méng 谦让语。是 " 承 "、" 蒙 " 的合用。

（「承蒙」謙譲語。「承」と「蒙」を合併させた用法である。）

【蒙】méng 蒙受。谦让语。用于对他人的赐予，关照，器重，怜爱等表示感激之情，有时兼有愧受之意。犹如【承】。

（「蒙」被る、受ける。謙譲語。他人の恩恵、お気遣い、重んずる、かわいがるなどに対しての感激、時には過剰評価を受けた意味を兼ねる。「承」と同意味。）

　このように、刘恭懋 (2002) は「承」と「蒙」を謙辞として判断しているが、『谦词敬词婉词词典 (增补本)』(2010) は「承」と「蒙」について、両語とも「敬詞」に分類しており、「敬称受人眷顾，多含感激之意」（筆者訳：恩恵をいただく、感激の意が含まれる）と解釈している。また、「承蒙」に関して、「現代漢語辞典」(2020) では、この語について「謙辞」と分類しておらず、「客套话」と解釈している。とはいえ、例 (7)、例 (9) では、

謙譲の意味は強く、本稿では刘恭懋 (2002) の分類に従って、それらを「謙辞」として取り上げる。

4.5 CE『基础实用商务汉语（第三版)』(2018)

CE は「到达机场」「在酒店」「正式见面」「日程安排」「出席宴会」「初步洽谈」「参观工厂」「价格谈判」の８場面から商務中国語について詳しく説明を行う一冊である。本書には該当の例文が２例見られる。以下に例文を示す。例文に筆者による日本語訳を付す。

(10) 海关官员：(笑) 你的中文真不错。

　　白　　琳：哪里哪里！

　　　　　　　　　　（『基础实用商务汉语（第三版）』−到达中国− p.2)

　　（入国審査官：(笑) 中国語上手ですね。

　　白　　琳：いえいえ。）

(11) 史强生：幸会幸会！你们好！（握手）这是我的名片，请多指教。

　　王国安：不敢当。这是我的名片，以后也请您多多指教。

　　史强生：哪里，哪里！

　　　　　　　　　　（『基础实用商务汉语（第三版）』−正式见面− p.48)

　　（史强生：こんにちは、会えて光栄です。（握手）これは私の名刺です、

　　　　　　何卒ご指導をよろしくお願い致します。

　　王国安：とんでもありません。これは私の名刺です。これからもど

　　　　　　うぞご指導をよろしくお願い致します。

　　史强生：恐れ入ります。）

例 (10) の「哪里哪里」は、審査官の称賛に対して、自分はそれほど優秀ではないという意味があり、典型的な中国語における謙譲表現である。例 (11) の「不敢当」と「哪里哪里」は、CB の「不敢当」、「哪里哪里」と同じ意味用法と考えられる。

4.6　CF『商务汉语写作教程』

CF は「内部文书」「対外文书」「貿易文书」「商業分析」のように４つのユニットに分けられている。更に「内部文书」を「留言条」「借条」「通知」「备忘录」「简历」に、「対外文书」を「启事」「招聘启事」「企業简介」「商品宣伝」「邀请信」「祝賀信」に、「貿易文书」を「建立业务関系函」「询価函」「报価函」「合同」に細分化している。「商業分析」は前の３ユニットと違い、文の作り方ではなく表や図、それからアンケートなどの作り方について説明している。

　本書では、例文に見られる「謙辞」は０例であるが、説明文から「謙辞」を２例確認できるので、下記に示す。例文に筆者による日本語訳を付す。

(12) **恭候回音**。

（『商务汉语写作教程』- 建立业务関系函 -p.93)

（ご返信をお待ちしております。）

(13) 以上仅为个人<u>拙见</u>。

（『商务汉语写作教程』- 建立业务関系函 -p.93)

（以上はただ私個人の未熟な見解でございます。）

　この２例に対して、CF は以下のように説明している。

　在写作中必须注重礼貌原则。具体有两种策略。

・尊敬他人（说明省略）

・自我谦虚，即放低自己，用谦虚委婉的语气。多使用谦词，如……

筆者訳：

　　文書を作るときは常に礼儀とマナーを守らなければならない。具体的に言えば以下の二種類の方略がある。

・他人を尊敬すること（説明を略する）

・自謙すること。すなわち自分を下げて、謙遜、婉曲的な言い方をすること。謙譲表現を多く使用すること。

「拙見」について、『現代漢語詞典　第七版』では「謙詞」に分類し、「自分の見解」の意味であると説明している。『谦词敬词婉词词典（増补本)』も「拙見」を「自分の意見や見解に対しての謙辞である」と定義している。

しかし、「恭候」について、『現代漢語詞典　第七版』では、特に「謙詞」という説明がなく、「恭敬地等候」と説明しているだけである。更に『謙詞敬詞婉詞詞典（増補版）』は「恭候」を「謙詞」に分類しておらず、「表示等候的敬詞」と説明し、「敬詞」に分類している。刘恭懋（2002）も、「恭候」を「恭敬语」と説明しているが、本書は「恭候」を「謙詞」に分類して説明している。

5．日中謙譲表現の対照

5.1　6資料における謙辞についての考察

　今回はCAからCFの6資料を考察した結果、謙譲の意味を持つ文を13件確認した。13件のうち、辞書などに基づいて「謙辞」と言えるのは(2)(3)(6)(8)(10)(11)(13)であり、合計8回の「謙辞」の使用が見られた。以下の表1にまとめる。

　「綿力」、「小（赵）」、「拙见」はそれぞれ一回だけ使用されているのに対して、「哪里哪里」「不敢当」について複数回の使用が見られるが、すべて会話文における用例である。「哪里哪里」「不敢当」は、口頭語的な表現で、一部の辞書では「客套话」[3]と説明している。用いられた場面はすべて発話者が相手からの評価・称賛などに対して謙遜さを表す場面であり、確かに「哪里哪里」や「不敢当」などの表現は「客套话」の機能があるが、

表1　6冊の資料における謙辞の使用状況

	哪里哪里	不敢当	绵力	小（赵）	拙见
出現数	3	2	1	1	1
文書/会話	会話（3回）	会話（2回）	文書	会話	文書

---

[3] 「客套话」：お世辞、挨拶語、愛想のよい言葉

「謙譲表現」としての機能も存在していると判断できる。つまり「客套话」と「謙辞」の属性は矛盾せず、重複して使用することが可能であると考えられる。もちろん、必ずしもすべての「客套话」がそのような特性を持つわけではない。例えば「以后常联系（また連絡してね）」のような「客套话」には謙虚の意味が含まれず、当然ではあるが「謙辞」の性質も持っていない。

　また、一部の例文は、辞書で記述される「謙辞」を使用していないが、その例文自体は発話者（或いは発話者側）を下げて「敬譲」の意味が含まれている。例えば例（1）は自分側が提供したおもてなしが「不周」であると主張することによって謙虚な姿勢を示している。他には、例（4）も、同じような機能があると考えられる。

　なお、一部の語について、「謙辞」と定義する辞書もあれば、「敬辞」と定義する辞書もあることについて、少し触れておきたい。例えば「承」と「蒙」は、『現代汉语辞典　第七版』では特に敬謙性についての説明はされていない。『谦词敬词婉词词典（増补本）』（2010）も、「承」と「蒙」を「敬詞」に分類しており、「敬称受人眷顾，多含感激之意」と解釈している。

　だが、刘恭懋（2002）は、『古代礼貌语词荟释』でこの両語とも、「謙辞」に分類・解釈している。また、「承」について、『辞海』（1985）では「謙辞」としての用法を認めていて、「承：❷蒙受、接受。一般用作谦词。如：承情；承教。」（筆者訳：「承：蒙受（たまわる）」、「接受（いただく）」の意味。一般的には謙辞として使用される。例：「承情」（ご厚意をいただく）「承教」（教えいただく））のように説明している。また、「蒙」に関しては、『辞海』（1985）では、動詞としての「蒙」の性質について説明していないが、自称の「蒙」には謙譲の意味があると説明している。「蒙」の解釈❽は「冒犯；遭；受。如：蒙难，承蒙招待」（筆者訳：「冒犯（犯される）、遭（（不幸なこと・不利なことに）遭遇する，出くわす）」；受（（不幸なこと・不利なこと・嫌なことに）遭遇する，出くわす。或いは（他人から与えられる物を）受ける）。例：蒙难（危険に遭う）、承蒙招待（ご招待にあずかる））のように説明している。特にここで挙げられた「承蒙招待」を日本語に訳

すと「おもてなしいただく」、「ご接待いただく」、「ご招待にあずかる」の意味になり、明らかに謙譲の意味がある表現であると考えられる。

このように、中国語の場合、同じ語に対しても、「敬辞」として解釈する辞書や本もあれば、「謙辞」として解釈する辞書や本も存在しているのが現状である。これによって、中国語母語話者でも、一部の語に対して、その語の性格を判断する時、人によって感覚が異なる可能性があると考えられる。例えば例 (12) に現れた「恭候」は、『敬词婉词谦词词典 (増补本)』(2010) によると、「謙辞」ではなく「敬辞」であると記載されており、「表示等候的敬词」の意味で説明されている。しかし、資料 CF は「恭候」を「謙辞」として取り扱っている。編集者の認識差によるものか、それともこの表現の定義が定まっていないか、或いは単純な誤用であるか、いずれにしても、「恭候」に限らず、このような表現や語がまだ存在する可能性があると考えられる。この点については、今後の課題として、更に考察する必要があると考えられる。

5.2 両言語における使用頻度の差について

今回調査した 6 資料から見れば、現代商務中国語における謙譲表現は、全体的に使用数が少ないという明白な傾向が見られる。これによって、現代商務中国語では、謙譲表現（謙辞）の使用頻度がビジネス日本語における謙譲表現の使用頻度よりはるかに低いと推測できる。実際、今回の 6 資料から「接受」の謙譲表現である「承」と「蒙」の使用例は僅か 3 例しか見られず、実に少ないと言える。それに対して、ビジネス日本語の場合、各種の謙譲表現の使用が多数見られる。今回は対照のために「接受」の同意語である「受ける」の謙譲表現「頂戴する」の一表現だけを取り上げて、6 資料のビジネス日本語マニュアル本[4]の「頂戴する」の出現数を調査した結果、48 例の使用例が見られたことから、同じ意味の謙譲表現でも、言語習慣の違いによって、異なる言語での使用数に大差があるということが推測できると言えよう。

第七章　日中謙譲表現についての対照研究　　145

　また、名詞の場合も、使用数の差が大きい。例えば、今回の 6 資料に、自分の会社を言う時に最も使用されているのは謙辞「敝司」ではなく、謙譲の意味が含まれない「我司（我公司）」であった。しかも、謝罪などの場面でも、「我司」の用例しか見られない。例えば資料 CD から下記の例文が見られる。例文に筆者による日本語訳を付す。

(14) 近日因不少地区遭受极其罕见的冰雪灾害，道路不能正常通行，机场封闭，致使我公司大量货物未能按时发出，由此给各位带来极大的不便，我们感到非常抱歉。

（『卓越汉语・商务写作上册』- 道歉信 -p.168）

　（近日、極めて珍しい大雪による災害で、道路の通行不能や空港の閉鎖が多発しており、わが社は予定通りの出荷はできず、皆様に大きな不便をかけてしまいましたことに、誠にお詫びを申し上げます。）

　例 (14) は、明らかに謝罪の場面であるにもかかわらず、「我司（我公司）」だけが使用されている。「不可抗力で出荷が遅くなったとはいえ、お詫びの態度を示したので、そこまで自分側を下げる必要がない」と解釈すれば、かろうじてこの例文において「敝司」ではなく「我司（我公司）」だけを使用した理由として説明を付けることができる。しかし、以下の例 (15)、例 (16) は、客観的原因ではなく主観的原因で相手にお詫びしなければならない場面でも、「我司（我公司）」だけが使用されている。

(15) 尊敬的王部长，承蒙邀请参加贵部将于下周举办的商品展销会，我代表公司员工并以我个人的名义特向您表示衷心的感谢！遗憾的是，因下周是本公司的周年庆典活动周，事物较为繁忙，恕届时不能参加，为此

4　調査資料：

日本実業出版社 (2002)『最新版会社文書・文例全書 800 文例 CD-ROM 付』日本実業出版社
山瀬弘 (2002)『必要な文書がすぐ見つかる CD-ROM 付きビジネス文書文例集』池田書店
長峰洋子、田辺麻紀 (2003)『そのまま使えるビジネス文書 458 文例 in CD-ROM』こう書房
志田唯史 (2003)『最新決定版！CD-ROM 付きビジネス文書基本文例 230』オーエス出版
横須賀てるひさ、藤井里美 (2008)『そのまま使える「ダウンロード特典付き」ビジネス文書文例集』かんき出版
鈴木あつこ (2010)『すぐに使え応用がきくビジネス文書文例事典』新星出版社

深表歉意。

（『卓越汉语 商务写作（上册）』- 道歉信 -p.169）

（尊敬する王部長、このたびは御部の来週開催予定の見本市にお招きいただきました、社員一同お礼を申し上げます！残念ながら、来週は<u>本社</u>の一周年記念キャンペーンウィークで、大変忙しくて、参加することは出来かねることを深くお詫び申し上げます。）

(16) 目前，由于<u>本公司</u>部分产品仍采用手工操作生产，货物供应不能充分满足广大客户的需求，从而影响了销售。在此，<u>我公司</u>向你们表示真诚的歉意！

（『卓越汉语·商务写作上册』- 道歉信 -p.172）

（現在、<u>本社</u>は手作業生産のままで、お客様たちのニーズに応えられず、販売にも影響が及ぼされていることに対して、わが社はみなさま方に深くお詫びを申し上げます。）

　それに対して、ビジネス日本語の場合、「敝司」の完全同義語「弊社」を例にすると、『そのまま使えるビジネス文書例集「ダウン ロード特典付き」』の一冊だけで、150例見られる。また、「さて、先日送付いたしました<u>弊社</u>パソコン20台について、納品違いであるとのご指摘を受け、早速調査をしたところ、ご指摘どおりの誤送であることがわかりました。」や「このたびは<u>弊社</u>経営居酒屋フラワーダンス代々木駅前店にて、<u>弊社</u>店舗スタッフが無礼な接遇をいたしましたこと、深くお詫びいたします。」のように、謝罪場面では、必ず「弊社」を使用している。中国語の完全同義語である「敝司」の使用頻度とは大きな相違が認められる。また、ビジネス日本語の場合「わが社（我社、我が社）」の使用は稀であると言える。

　20世紀前半までは、「敝司」、「小店」などの謙譲表現はよく使用されているが、今ではビジネスの場面においてそのような表現はほぼ使われていないと言える。つまり、現代中国語における商務中国語では、自分側を下げる表現は好まない可能性があると推測できる。一方、ビジネス日本語では、今でも「弊社」などの謙譲表現は、ごく普通に使用されており、自分

側の会社をいう時の定番の言葉として使用されていると考えられる。これ
は両言語の謙譲表現に対しての意識における違いの一端であると言えよ
う。

5.3『中国語ビジネスレター実例集』についての考察

　「敝司」などの謙譲表現の使用状況の違いを検証するために、日本で出
版された商務中国語マニュアル本『中国語ビジネスレター実例集』(1998)
を取り上げて考察を試みる。この一冊は、日本人と中国人の共著であり、
日本語原文と中国語訳文の両方が記載されているマニュアル本である。

　例えば、本書の「社外文書－④売り込み文書－文例 40 － p.113」には、
以下のような謙譲表現が見られる。

①すでに<u>弊公司</u>の主要な取引品目となって<u>おり</u>ます掲題金属○○○○につ
　き、もし貴社にて興味がおありになれば、購入可能な価格をご一報く
　ださい。

　（就关于<u>敝公司</u>现在主要经营品目金属○○○○事宜，如果贵公司感兴趣
　的话，请报贵方能够接受的价格。）

②できればこれが貴我双方の最初のお引き取りとなることを願って<u>おり</u>、
　そのためにはお互いの条件を十分に確認したいと考えて<u>おり</u>ます。

　（若有可能，即将开始我们之间的第一笔生意。但愿能如人意，为此可以
　充分确认双方的条件。）

③<u>弊公司</u>はこのほかに、○○○○○、○○○、○○○○……などの品目を
　取り扱って<u>おり</u>ます。

　（除标题所示的货物之外，<u>敝公司</u>还经营○○○○○、○○○、○○○○等。）

④別便にて商品カタログ３部を<u>お送りいたしました</u>ので、上記金属
　○○○○以外にも取引の可能性のある品目がございましたら、ご連絡
　くださるように<u>お願い申し上げます</u>。

　（另寄商品样本三册，其中若有能进行交易的货物，望告为盼。）

⑤今回はぜひとも取引を実現させ、将来にむけての友好関係の基礎を打ち

表 2　「社外文書－④売り込み文書－文例 40 － p.113」における謙譲表現

謙譲表現 (日)		謙譲表現 (中)	
弊	1 回	敝	1 回
おる	5 回		
お……いたす	1 回		
お……申し上げる	1 回		
合計：4 種類	8 回	合計：1 種類	1 回

　立てたいと希望しております。

　(希望我们能建立业务联系，也非常希望我们能一直保持友好关系。)

　まずは、この 6 つの例文から見られた謙譲表現（日本語・中国語双方含めて）を表 2 にまとめる。

　表 2 からは、「社外文書－④売り込み文書－文例 40 － p.113」において、日中両言語の謙譲表現の使用頻度に大いに違いがあるということが指摘できると言える。簡単に言えば、日本語で謙譲表現を使用している場面や文は、例え中国語に訳しても、その謙譲表現が反映されない場合も存在する。実際この文例 40 の場合では、ペアになっているのは「弊公司」と「敝公司」だけであり、ほかの日本語の謙譲表現は、中国語訳文に一切反映されていない。

　更に、中国で出版される資料 CF から、「社外文書－④売り込み文書－文例 40 － p.113」と同じ内容・場面の文書を抽出して比べてみる。例文を以下に挙げる。

茶马古道公司：

　从 3 月 35 日的《国际邮报》获悉，贵公司有意打开欧洲市场的销路。

　我公司是一家专门从事欧美地区茶叶贸易的公司，对贵公司生产的袋泡茶

第七章　日中謙譲表現についての対照研究　149

頗感興趣，故特致函，竭诚希望建立长期贸易关系。

我们有二十多年的外贸经验，是欧美地区主要的茶叶经销商之一，在行业内具有明显的竞争优势。随信附上企业简介，以便贵公司了解更多情况。

如贵方有意，我们可派有关人员前往洽谈具体事宜。

盼早日收到贵方答复。

筆者訳：

3月25日の『国际邮报』を読んだところ、貴社はヨーロッパ進出しようとすることを知りました。

我社はヨーロッパ地域で茶葉ビジネスをしている会社で、貴社生産のティーバッグに大変興味を持ち、末永い貿易関係を築くため、このように連絡しました。

我々には、二十年以上対外貿易の経験があり、ヨーロッパ地域で最も有力な茶葉フランチャイザーです。パンフレットを同封して送信しました。

貴社にも提携の意がございましたら、改めて担当者が訪問して具体的なことについて商談します。

貴社からのご返信をお待ちしています。

この例文では、謙譲表現の使用は一例も見られず、自分側の会社を表す時も、「我公司」と「我们」だけを使用し、「社外文書－④売り込み文書－文例40 － p.113)」のような謙譲表現**敝公司**が使用されていない。

ほかに、資料CAのp.74の例文やp.72の例文なども、「社外文書－④売り込み文書－文例40 － p.113」と同じ場面・内容であるが、謙譲表現の使用が見られず、自分側を「我方」や「我事務所」などの表現で表している。例文の一部を下記に示す。例文に筆者による日本語訳を付す。

CA ①我公司成立于1985年，现有员工20名。

（我社は1985年に起業し、今では20人の社員を有しています。）

CA ②我方希望能与贵方建立直接业务关系……

（我々は貴社と業務的関係を築き上げることを希望し……）

CA ③……我事務所符合貴公司要求，……

（……わが事務所は貴社のニーズに応えることができる、……）

CA ④欢迎约时间来我事務所参观。

（日取りを相談して見学に来ることを歓迎しています。）

6. まとめ

今回は主に6件の資料を取り上げて、商務中国語における謙譲表現について調査を行った。結果から言うと、現代中国語における商務中国語では、謙譲表現の使用が少ないと言えよう。それに比べて現代日本語におけるビジネス日本語では、謙譲表現は数多く使用されている。また、中国語における謙譲表現は、まだ曖昧と言える部分も存在している。例えば「承」のような語は、一部の資料は「謙辞」と解釈しているが、「敬辞」と解釈する資料もある。中国語における謙譲表現に対しての認識度が足りないか、それとも人々が中国語における謙譲表現に対しての意識が変わっているか、今後検討すべき課題であると言えよう。

また、ビジネス日本語で謙譲表現を使用するべきと思われる文や場面は、商務中国語では必ずしも謙譲表現が使用されているとは限らないと言えよう。逆に言うと、まだ日本語社会に馴染まない学習者が中国語感覚で判断すると、ビジネス日本語文書を作成する時に謙譲表現を使用せず文を作成する可能性があると考えられる。

更に言えば、何より著しいのは、商務中国語における謙譲表現の使用頻度は、ビジネス日本語における謙譲表現よりはるかに少ないことである。これは、現代中国語の変化に影響された結果であると推測できる。実際、周探科（2004）なども、中国大陸地域は1950年代以降に謙辞の使用は減る一方であると述べている。商務中国語も中国語社会の一部である以上、その変化に影響されて今のような使用状況になっているのも不思議ではない。このような変化は、人々の言語に対しての意識変革によるものか、そ

れとも社会的環境の変化によるものか。今後の課題として、それらのことについて更に研究する必要がある。

〈参考文献〉

菊地康人（1997）『敬語』講談社学術文庫

文化審議会（2007）『敬語の指針』

黄丽琼（2008）「浅谈中日敬语」『科技信息』西安外事学院

周探科（2004）「敬谦词的误用」『应用写作』长春理工大学

周乗風（2016）「ビジネス文書における感謝表現の対照研究」『国学院大学日本語教育研究』国学院大学日本語教育研究編集委員会

曾小燕（2015）「汉语礼貌用语的研究现状及其分类」『郑州航空工业管理学院学报』郑州航空工业管理学院

马庆株（2004）『忧乐斋文存：马庆株自选集』南开大学出版社

符淮青（1992）「敬语如何表"敬"」『语文建设』语文出版社

諸星美智直（2012）「日本語ビジネス文書学の構想－研究分野と研究法－」『国語研究』第75号

叶希（2015）「ビジネス日本語における条件表現」『国学院大学日本語教育研究』国学院大学日本語教育研究編集委員会

刘宏丽（2001）『现代汉语敬谦辞』北京语言文化大学出版社

刘恭懋（2002）『古代礼貌语词荟释』贵州人民出版社

〈辞書〉

『辞海』（1979）上海辞书出版社

『敬词婉词谦词词典（增补本)』（2010）商务印书馆

『现代汉语词典　第七版』（2016）商务印书馆

〈調査資料〉

・中国出版の資料

『新丝路 商务汉语写作教程』（2009）北京大学出版社

『卓越汉语 公司实战篇』（2010）外语教学与研究出版社

『商务汉语800句』（2012）外语教学与研究出版社

『卓越汉语 商务写作（上册）』（2018）外语教学与研究出版社

『基础实用商务汉语（第三版)』（2018）北京大学出版社

『商务汉语写作教程』（2019）北京语言大学出版社

・日本出版の資料

八角高茂・李平『中国語ビジネスレター実例集』（1998）語研

日本実業出版社（2002）『最新版会社文書・文例全書 800 文例 CD-ROM 付 』日本実業出版社

山瀬弘（2002）『必要な文書がすぐ見つかる CD-ROM 付きビジネス文書文例集』池田書店

長峰洋子、田辺麻紀（2003）『そのまま使えるビジネス文書 458 文例 in　CD-ROM』こう書房

志田唯史（2003）『最新決定版！CD-ROM 付きビジネス文書基本文例 230』オーエス出版

横須賀てるひさ、藤井里美（2008）『そのまま使える「ダウンロード特典付き」ビジネス文書例集』かんき出版

鈴木あつこ（2010）『すぐに使え応用がきくビジネス文書文例事典』新星出版社

第八章　ビジネス日本語教科書における
謙譲表現について

1.　はじめに

　外国人学習者にとって、ビジネス日本語を学習する時、実物のビジネス
日本語文書や会話録音などを使用することはほぼ不可能であると考えられ
る。ビジネス日本語を学習する時に最も使われているのは、学習者向けの
ビジネス日本語教科書である。しかし、教科書と実際のビジネス日本語場
面の間にズレが存在する可能性がある。そのため、ビジネス日本語教科書
における謙譲表現について調査を行い、使用実態や使用頻度などを把握す
る必要があると考えられる。

2. 本稿で取り上げる資料について

　本稿は、4冊のビジネス日本語教科書を取り上げ、ビジネス日本語教科
書における謙譲表現の使用状況について考察・研究を行う。本来であれば
実物のビジネス日本語文書や録音、つまり会社間のやり取りをするときの
メールや手紙などが対象として最も望ましいが、実物を対象として研究や
考察をすることは困難である。その点について、諸星（2012）では「ビ
ジネス日本語の研究資料として、現実の企業で行われる会話や文書等を
対象とすることは研究者の願うところではあるが、企業の秘密保持の観
点からこれを調査資料とすることは容易ではない。」と述べている。叶希

(2018)、周乗風（2019）、薛静（2020）、呉雨（2021）、朱大江（2022）などのように、ビジネス日本語マニュアル本を使用して研究を行う先例が存在するものの、本物の業務メールや手紙を取り上げた研究はほとんど見られない。そのため、最も実物に近い、信頼度の高いものとして現在市販されている各ビジネス日本語文書マニュアル本やビジネス日本語教科書など、または経済小説を研究対象として取り上げるのが妥当であると考えられる。

　本稿で取り上げる資料を以下に示す。

A 瀬川由美（他）（2008）『人を動かす！実戦ビジネス日本語会話』スリーエーネットワーク

B 沈媛媛（他）（2013）『礼仪商务日语会话』貴州大学出版社

C 阿部誠（他）（2015）『新编商务日语综合教程』东南大学出版社

D 宋健榕（他）（2007）『商务日语 - ビジネスマンのための日本語会話』世界图书出版公司

　4冊の資料は、いずれも現在市販されている教材であり、大学などのビジネス日本語科目で使用されているものである。『人を動かす！実戦ビジネス日本語会話』(以下、資料A) と『礼仪商务日语会话』(以下、資料B)、『新编商务日语综合教程』（以下、資料C）は、主にビジネス日本語会話を取り上げた教科書であり、教科書におけるビジネス日本語会話の謙譲表現の使用状況を考察するために妥当であると考えられる。また、教科書におけるビジネス日本語文書の使用状況を明らかにするために、『商务日语 - ビジネスマンのための日本語会話』（以下、資料D）を取り上げて、ビジネス日本語文書の例文を考察対象に加える。

3. ビジネス日本語教科書における謙譲表現の使用状況について

3.1 全体的な使用状況について

　本稿における謙譲表現の用例総数は1193例である。1193例のうち、

第八章　ビジネス日本語教科書における謙譲表現について　　157

表1　各資料における謙譲表現の出現状況

資料名	謙譲語 I		謙譲語 II		謙譲語 I 兼 II	合計
	特定形	一般形	特定形	一般形	I 兼 II	
『人を動かす！実戦ビジネス日本語会話』	34 例	163 例	28 例	37 例	23 例	295 例
『礼儀商務日語会話』	15 例	42 例	12 例	28 例	9 例	106 例
『新編商務日語綜合教程』	18 例	82 例	21 例	81 例	20 例	222 例
『商务日语 - ビジネスマンのための日本語会話』	51 例	258 例	61 例	173 例	27 例	570 例

謙譲語 I の用例数は 663 例であり、謙譲語 II の用例数は 441 例である。また、謙譲語 I 兼謙譲語 II の用例数は 79 例である。各資料の用例数の詳細について以下の表1のように示す。表1に示したように、3 資料のいずれも謙譲語 I は謙譲語 II より多く使用されており、謙譲語 I 兼謙譲語 II の用例が最も少ない。

3.2 資料 A における謙譲表現について
3.2.1 資料 A について

　資料 A の各課の構成は、以下のように五つの課題に分かれており、それぞれの役割がある。

課題 1 ：ロールプレイにチャレンジ

　各課の学習の前に、現時点での日本語力を活かしてロールプレイ練習をする。

課題 2 ：戦略会話に沿ってスムーズに話す

　各課のポイントを提示・導入して、CD を聞きながら選択肢付きの穴埋め問題を完成した上で、更に会話練習をする。

課題3：戦略会話1〜3を通して話す

CDを通して聞いて、声を出して練習する。暗記できると更によい。

課題4：実践会話　以下の流れに沿って会話する

ロールプレイの指示と内容を確認し、ペアで会話を作り、発表する。（参考会話例文付き）

課題5：評価する

課題4の発表に対する評価。

5つの課題のうち、課題1は場面の設定や人物の発話内容などについて、指導的な内容が書かれており、課題2は主に穴埋め問題である。課題5は評価的な部分であって、この3つの課題は完全なる文ではないため、課題3の例文と課題4の会話例の部分だけを取り上げて、資料Aにおける謙譲表現の使用状況について考察する。

3.2.2 資料Aにおける謙譲表現の使用状況について

資料Aにおける謙譲表現の全体的な使用状況について、合計295例の謙譲表現のうち、謙譲語Ⅰの用例数は197例（約67%）、謙譲語Ⅱの用例数は75例（約25%）、謙譲語Ⅰ兼謙譲語Ⅱの用例数は23例（約8%）である。

謙譲語Ⅰ197例のうち、34例（約17%）は特定形であるのに対して、他の163例（約83%）はすべて一般形である。詳細を次ページ表2に示す。資料Aにおける特定形は5形式であり、最も多く使用されるのは「頂く」（14例）であるのに対して、「拝〜する」（1例）は最も少ない形式である。また、一般形のうち、「お（ご）…する」は最も多い形式で、合計77例見られるのに対して、「お（ご）…申し上げる」は僅か2例しか存在せず、最も少ない謙譲語Ⅰ一般形である。

謙譲語Ⅰ特定形「承知する」以外、すべての謙譲語Ⅰは、対内的場面より対外的場面における使用例が多い。特定形「頂く」「拝〜する」一般形「お（ご）…申し上げる」「…（さ）せていただく」について、対内的場面

における用例は存在せず、すべての用例は対外的場面に使用されるものである。また、「…いただく」「お目にかかる」「お目にかける」「差し上げる」「存じ上げる」などの形式について、資料Aにおける用例は見られない。

　資料Aにおける謙譲語IIの用例数は合計75例が見られる。そのうち謙譲語II特定形の用例数は28例（約37%）であり、謙譲語II一般形の用例数は47例（約63%）である。また、資料Aにおける謙譲語II 75例のうち、対外的場面における用例は72例であるのに対して、対内的場面における用例は僅か3例しか存在しない。（表3）

表2　資料Aにおける謙譲語Iの使用状況

特定形		一般形	
頂く	14例（対外14、対内0）	お（ご）…する	77例（対外55、対内22）
伺う	4例（対外3、対内1）	お（ご）…申し上げる	2例（対外2、対内0）
申し上げる	4例（対外3、対内1）	お（ご）…いただく	27例（対外23、対内4）
承知する	11例（対外4、対内7）	…ていただく	17例（対外11、対内6）
拝〜する	1例（対外1、対内0）	…（さ）せていただく	40例（対外40、対内0）
合計	34例（対外25、対内9）	合計	163例（対外131、対内32）

表3　資料Aにおける謙譲語IIの使用状況

特定形		一般形	
申す	11例（対外11、対内0）	…いたす	16例（対外15、対内1）
いたす	14例（対外14、対内0）	…ておる	28例（対外26、対内2）
存じる	3例（対外3、対内0）	…てまいる	3例（対外3、対内0）
合計	28例（対外28、対内0）	合計	47例（対外43、対内3）

なお、謙譲語Ⅰ兼謙譲語Ⅱの用例数は23例であり、すべて対外的な場面で使用されている。対内的場面における「お（ご）……いたす」の用例は見られない。

3.3　資料Bにおける謙譲表現について

3.3.1 資料Bについて

本資料は「ビジネスマナー日本語会話篇」と「ビジネスマナー基本知識篇」の二つの部分で構成されている。「ビジネスマナー基本知識篇」は主にマナー知識に対する説明で、ビジネス日本語会話の例文が含まれていないため、「ビジネスマナー日本語会話篇」のビジネス日本語会話の例文を考察対象として取り上げる。

「ビジネスマナー日本語会話篇」は「就職活動」、「新入社員篇」、「他社訪問、接客」、「電話」、「宴会」のように、五章に分けられている。また、各章は更に場面を細分化し、複数のユニットに分けられている。各ユニットについて、「会話例」＋「マナーポイント」（説明文）のような構成が主であるが、「ユニット9－名刺交換のマナー」など、一部のユニットは説明文だけで構成されており、会話の例文が含まれないユニットも存在する。

3.3.2 資料Bにおける謙譲表現の使用状況について

資料Bにおける謙譲表現は合計106例である。そのうち謙譲語Ⅰの用例数は57例（約54%）、謙譲語Ⅱの用例数は40例（約38%）、謙譲語Ⅰ兼謙譲語Ⅱの用例数は9例（約8%）である。

謙譲語Ⅰ57例のうち、15例（約26%）は特定形であり、42例（約74%)は一般形である。各形式の用例数と使用場面を次ページ表4に示す。本資料における謙譲語Ⅰ特定形の出現形式は4形式しか現れず、3資料の中で最も少ない1冊である。「存じ上げる」、「お目にかかる」、「お目にかける」、「頂戴する」、「拝～する」などの形式は、資料Bには見られない。

一般形の「お（ご）…する」について、ビジネス日本語マニュアル本や

第八章　ビジネス日本語教科書における謙譲表現について　　161

表4　資料Bにおける謙譲語Iの使用状況

特定形		一般形	
頂く	4例（対外3、対内1）	お（ご）…する	30例（対外14、対内16）
伺う	7例（対外6、対内1）	お（ご）…申し上げる	1例（対外0、対内1）
申し上げる	1例（対外1、対内0）	お（ご）…いただく	1例（対外1、対内0）
差し上げる	3例（対外2、対内1）	…ていただく	6例（対外5、対内1）
		…（さ）せていただく	4例（対外3、対内1）
合計	15例（対外12、対内3）	合計	42例（対外23、対内19）

　経済小説などの資料の場合、対内的場面（社内文書）より対外的場面（社外文書）の用例数が多く見られるのが一般的であるが、資料Bにおける「お（ご）…する」について、対内的場面の用例数は対外的場面より多く存在する。

　また、一般形の「お（ご）…申し上げる」について、資料Bにおける用例数は僅か1例しか存在せず、しかも対内的場面で見られる用例である。他の種類の資料（ビジネス日本語マニュアル本、経済小説など）における用例数と比べて、非常に少ない用例数である。ビジネス日本語文書の場合、「拝啓　時下ますますご健勝のこととお慶び申し上げます。」や、「なにとぞご高配のほどよろしくお願い申し上げます。」などのような社外文書の定番の文では、「お（ご）…申し上げる」は多用される傾向はあるが、会話文の場合は「お（ご）…申し上げる」はほとんど使用されていない。

　謙譲語II 40例のうち、12例（30%）は特定形であり、他の28例（70%）は一般形である。各形式の用例数と使用場面について次ページ表5に示す。資料Bにおける謙譲語II特定形は、「申す」「おる」だけ使用されており、「いたす」「存じる」「参る」は資料Bには見られない。

表5　資料Bにおける謙譲語IIの使用状況

特定形		一般形	
申す	11例（対外6、対内5）	…いたす	10例　（対外9、対内1）
おる	1例　（対外0、対内1）	…ておる	17例　（対外16例、対内1）
		…てまいる	1例　（対外1、対内0）
合計	12例（対外6、対内6）	合計	28例　（対外26、対内2）

　なお、謙譲語IIの出現形式について、資料Bは本稿で取り上げる4資料の中で最も少ない。全体的に見れば、現れる謙譲表現の形式も他の資料より少なく、用例数も最も少ないと言える。

　また、資料Bにおける謙譲語I兼謙譲語IIの用例数は9例であり、そのうち6例は対外的場面で使用されているのに対して、3例は対内的場面で使用されている。

3.4 資料Cにおける謙譲表現について
3.4.1 資料Cについて

　資料Cの内容は、大きく「社内業務篇」「商務交際篇」「貿易実務篇」のように三つの章に分けられている。「社内業務篇」は、主に日本の会社内で行われる会話・交流など（いわゆる「社内場面」）を中心に、「同僚との挨拶」「接待」「電話」などの場面を設定して例文を作成した章である。「商務交際篇」は、「出迎え」「社内での紹介」「宴会」「市内観光」「工場見学」「買い物」「電話予約」「見送り」のように、いわゆる「社交場面」の内容が含まれている章である。「貿易実務篇」は、実際の貿易の最初から最後までの過程を再現して、「表敬訪問」「製品案内」「引き合い」「オファー」「価格交渉」「支払い」「保険」「契約」「クレーム」のように9課に分けられている。

3.4.2 資料Cにおける謙譲表現の使用状況について

　資料Cにおける謙譲表現の全体的な使用状況について、合計222例の謙譲表現のうち、謙譲語Ⅰの用例数は100例（約45%）、謙譲語Ⅱの用例数は102例（約46%）、謙譲語Ⅰ兼謙譲語Ⅱは20例（約9%）である。

　表6のように、本資料における謙譲語Ⅰ100例のうち、特定形は18例であり、謙譲語Ⅰ総数の約18%を占めているのに対して、一般形は82例（謙譲語Ⅰ総数の82%を占める）である。謙譲語Ⅰ特定形は合計7形式に分けられ、最も多く見られる形式は「伺う」である。謙譲語Ⅰ一般形は合計5形式に分けられ、最も多く見られる形式は「お（ご…する）」であるのに対して、「…いただく」は最も少ない形式である。また、本資料において、謙譲語Ⅰ一般形「お（ご）…申し上げる」の用例が見られない。

　また、資料Cにおける謙譲語Ⅱの使用状況について、次ページの表7に示すように、特定形は21例見られ、謙譲語Ⅱ総数の約20.5%を占めている。一般形は81例見られ、謙譲語Ⅱ総数の約79.5%を占めている。本資料に見られる11例の「申す」はいずれも自己紹介などの場面で使用

表6　資料Cにおける謙譲語Ⅰの使用状況

特定形		一般形	
頂く	2例	お（ご)…する	51例
伺う	8例	お（ご)…いただく	3例
申し上げる	1例	…ていただく	12例
差し上げる	1例	…いただく	2例
承知する	1例	…（さ）せていただく	14例
お目にかかる	2例		
拝〜する	3例（拝見3)		
合計	18例	合計	82例

表7　資料Cにおける謙譲語Ⅱの使用状況

特定形		一般形	
申す	11例	…いたす	61例
いたす	1例	…ておる	20例
参る	5例		
存じる	4例		
合計	21例	合計	81例

されている。また、「おる」の用例は見られないが、「…ておる」の形で使用されている用例が20例見られる。それに対して、5例の「参る」について、いずれも「参る」単独使用で、「…てまいる」の形の用例が見られない。

　なお、資料Cにおける謙譲語Ⅰ兼謙譲語Ⅱ2の用例数は20例である。

3.5 資料Dにおける謙譲表現について
3.5.1 資料Dについて

　資料Dは教科書におけるビジネス日本語文書の謙譲表現の使用状況を考察するために取り上げる。また、本資料は編集上の方針により、すべての例文の場面設定は社外文書である。

3.5.2 資料Dにおける謙譲表現の使用状況について

　資料Dにおける謙譲表現の全体的な使用状況について、合計570例の謙譲表現のうち、謙譲語Ⅰの用例数は309例（約54%）、謙譲語Ⅱの用例数は234例（約41%）、謙譲語Ⅰ兼謙譲語Ⅱは27例（約5%）である。

　本資料における謙譲語Ⅰの用例数309例のうち、特定形は51例であり、謙譲語Ⅰの総数の約17%を占めている。それに対して、一般形は258例

であり、謙譲語Ⅰの総数の約83%を占めている。

　本資料では表8のように、謙譲語Ⅰ特定形は7形式に分けられ、最も多く使用される形式は「頂く」である。「お目にかかる」「お目にかける」「存じ上げる」などの形式は見られず、資料Dではそれらの謙譲表現は使用されていない。また、謙譲語Ⅰ一般形の6形式の中で最も多く使用される形式は「お（ご）……申し上げる」であるのに対して、「…いただく」は最も用例数の少ない形式である。

　資料Dにおける謙譲語Ⅱの使用状況について、次ページ表9のように、234例のうち、特定形は61例であり、謙譲語Ⅱの総数の約26%を占めている。それに対して、一般形は173例であり、謙譲語Ⅱの総数の約74%を占めている。謙譲語Ⅱ特定形61例のうち、最も多く使用される形式は「存じる」であるのに対して、「参る」は最も少ない形式である。詳しい使用状況については次ページ表9に示す。また、資料Dにおける「おる」の用例は存在しない。

表8　資料Dにおける謙譲語Ⅰの使用状況

特定形		一般形	
頂く	20例	お（ご）…する	25例
伺う	4例	お（ご）…申し上げる	149例
申し上げる	2例	お（ご）…いただく	34例
差し上げる	5例	…ていただく	17例
承知する	5例	…いただく	4例
頂戴する	2例	…（さ）せていただく	29例
拝〜する	13例（拝察1、拝受4、拝見6、拝承2)		
合計	51例	合計	258例

表9　資料Dにおける謙譲語Ⅱの使用状況

特定形		一般形	
申す	4例	…いたす	61例
いたす	8例	…ておる	105例
参る	2例	…てまいる	7例
存じる	47例		
合計	61例	合計	173例

　なお、謙譲語Ⅰ兼謙譲語Ⅱの用例数は27例である。本資料は対外的場面（社外文書）しか設定されていないため、27例とも社外文書に見られる用例である。

4. ビジネス日本語教科書における謙譲表現の使用状況

　本稿の調査資料について、全体的に言えば、対外的場面における用例数は圧倒的に多く見られる。

　謙譲語Ⅰ特定形に属する謙譲表現「頂戴する」、「拝〜する」や、謙譲語Ⅰ一般形に属する謙譲表現「……いただく」など、更に謙譲語Ⅱ特定形「参る」、「存じる」、「いたす」を含め、この6形式について、本稿で扱った資料においては対外的場面でしか使用されてない。なお、謙譲語Ⅰ特定形のうち、「存じ上げる」、「お目にかかる」、「お目にかける」など、本章の調査において出現していない形式も存在している。

　他にも、対外的場面と対内的場面の用例数の差が大きい形式は存在する。例えば謙譲語Ⅰ特定形に属する「いただく」、謙譲語Ⅰ一般形に属する「お（ご）……申し上げる」、「……（さ）せていただく」、謙譲語Ⅱ一般形に属する「……いたす」「……ておる」「……てまいる」なども、対外的場面と

対内的場面の使用頻度上の偏りは大きいと言える。

　また、教科書における文書と会話の両方を調査することにより、両者の使用傾向に差が存在することが確認できた。ことに、ビジネス日本語会話の教科書の場合、「お（ご）…申し上げる」の用例は極めて少なくて、資料Ａと資料Ｂを合わせて僅か３例しか存在しない。例文を以下に示す。

1. 具体的な販売戦略として、まずは来年の春をめどに、大々的に打って出るということを今一度申し上げたいと思います。ぜひともご検討を<u>お願い申し上げます</u>。

　　　　　　　　（資料Ａ－第11課　プレゼンテーション－対外－170頁）

2. 中村：かしこまりました。では、ただいまの件については改めて<u>ご連絡申し上げます</u>ので、よろしくお願いします。

　　社長：わかりました。

　　中村：では、今日はこれで失礼いたします。

（資料Ａ－第８課　謝絶する－対外－118頁）

3. 私自身すべてにおいてまだ勉強中でございますが、どうぞご指導のほどよろしく<u>お願い申し上げます</u>。

　　　　　　　　　　（資料Ｂ－ユニット11　自己紹介－対内－29頁）

　それに対して、ビジネス日本語文書の教科書である資料Ｄの場合、「お（ご）…申し上げる」の用例数は149例である。例文の一部を以下に示す。

4. 平素は格別のお引き立てをいただき、厚く<u>お礼申し上げます</u>。

　　　　　　　　　　（資料Ｄ－第５課－カタログ送付依頼－対外－44頁）

5. さて、先般来再三お問い合わせを頂いておりましたエレクトロニクスの部品が、先日入荷いたしましたので<u>ご通知申し上げます</u>とともに、早めにご注文いただきますよう<u>お願い申し上げます</u>。

　　　　　　　　　　（資料Ｄ－第13課－入荷通知－対外－124頁）

6. 貴社がご無事であることをお祈りしております。もし、弊社にできることがございましたら何なりとご遠慮なくお申し付けください。できる限りの<u>ご協力を申し上げる</u>ところでございます。

（資料Ｄ－第 17 課－地震見舞い－対外－ 163 頁）

　なお、ビジネス日本語文書において「お（ご）……申し上げる」が大量に使用される理由について、譚（2023）は、「拝啓　時下ますますご清栄のこととお慶び申し上げます。」のような定番の文が多用されていることであると述べている。また、例 7、例 8 のように「願う」と共起する例文が多いため、これも「お（ご）……申し上げる」の用例数が他の形式より多い理由として考えられる。

7. なお、貴社のご協力により拡販されました部分につきましては、お礼といたしまして 10％ のリベートを差し上げたく存じておりますので、どうぞ積極販売にご協力賜りますよう重ねてお願い申し上げます。

（資料Ｄ－第 5 課－新製品拡販依頼－対外－ 46 頁）

8. したがいまして、どうかめ綿カナキン生地について最大限の値下げをしてくださるよう切望しております。何卒にご回答くださるようお願い申し上げます。

（資料Ｄ－第 8 課－値下げ依頼－対外－ 71 頁）

　本稿の教科書を中心とした調査により、以下のような「お（ご）…する」の謙譲意識が喪失した用例の存在を確認できる。見られる用例はいずれも、形式内に入る語は「願う」だけである。

9. ブラウン：あの、緊急の際はどうすればよろしいでしょつか。

　課　　長：携帯を持ってるから、そちらに連絡をお願いします。

　ブラウン：承知しました。

（資料Ａ－第 16 課－損害賠償請求－対内－ 151 頁）

10. 岡田：あの、課長にご連絡したい場合はどちらにすればよろしいでしょうか。

　課長：携帯のほうにお願いします。つながらないときは留守電にメッセージを残してください。折り返し電話しますので。

　岡田：はい、承知しました。

（資料Ａ－第 2 課－業務引き続き－対内－ 31 頁）

例 9 と例 10 は上司から部下への指示で、特に謙譲という姿勢が見られないと考えられる。これらの例のように、確かに形では、「願う」は「お（ご）…する」と共起して使用されているが、ここでは単に依頼表現の機能として働いていると考えられる。

勿論、謙譲表現としての用例も存在している。例えば例 11 のように、話し手のソンは聞き手の課長に対して報告をする場面に現れる「お願いする」から、謙譲の意味が感じられる。ただこの場合、話し手の謙譲の意思の向かう先は聞き手ではなく、いわゆる「先方」に対する謙譲になると考えられる。

11. ソン：ええ、ですので、開発のほうとできれば今日中に対応を考えたいと思いますが……開発部長にはお時間を取っていただくように<u>お願いして</u>ありますので。

　課長：わかりました。

（資料 A －第 7 課－トラブル処理（2）上司への報告－対外－99 頁）

5. まとめ

以上のように、ビジネス日本語教科書における謙譲表現について、現代日本語社会における謙譲表現の特徴や使用傾向を忠実に反映している部分が存在すると言える。

しかし、現代日本語社会における謙譲表現の特徴や使用傾向と相違するところも存在している。例えば資料 B において、使用されない形式が見られる。謙譲語 I 特定形の「存じ上げる」「…いただく」「お目にかかる」「お目にかける」「頂戴する」「拝～する」の用例が見られず、謙譲語 II 特定形の「いたす」「存じる」「参る」の用例も見られない。「存じ上げる」「お目にかかる」「お目にかける」について、3 資料とも用例が見られないが、「…いただく」「いたす」「存じる」は他の資料に用例が見られる。にもかかわらず、資料 B だけこれらの形式を取り上げていないのは、明らかに現代

日本語社会における謙譲表現の使用状況と異なる。実際、任（2013）の研究によると、ドラマに現れる謙譲語は尊敬語の倍ぐらいあるにもかかわらず、謙譲語より尊敬語を重視する教師が多く存在しており、学習者の中、謙譲語に対して「馴染まない、使えない」と思っている人は非常に多いということが述べられている。また、本研究は主に4冊のビジネス日本語教科書を取り上げて、現れる謙譲表現について調査を行った。JLPTのレベルの観点から見れば、現れる謙譲表現自体は難しくない。しかし、ビジネス日本語は一般の日本語教育と相違する部分が存在すると思われ、特に単語などについて、普通のテキストではあまり出でこない用語が、ビジネス日本語教科書では大量に使用される可能性が考えられる。

　実際、今回取り上げる4冊のビジネス日本語教科書における謙譲語Ⅰ一般形、謙譲語Ⅱ一般形、謙譲語Ⅰ兼Ⅱの形式内に入る語について、異なり語数は146である。日本語読解学習支援システム（チュウ太）[1]を使用して、146語の形式内に入る語について、JLPTのレベル判定を行った結果、146語のうちN5レベルの単語は15語、N4レベルの単語は24語、N2N3レベルの単語は48語、N1レベルの単語は19語である。その他、級外の単語は40語も存在しており、その中では「督促」「決済」「快諾」「立替払い」「受領」「書簡」「拝察」「拝受」「拝承」「発注」「入荷」などのような、いかにもビジネスに関係する用語が存在している。このように、これらの語に対して、特別に説明・解説する必要があると思われる。

　また、「お伺いする」「お伺いいたす」など、いわゆる許容された「二重敬語」の用例が存在している。例文を以下のように示す。

12．陳：来週、新しい商品の件で、そちらにお伺いしたいのですが、お時間を預けますでしょうか。

　田中課長：ええ、いいですよ。

　　　　（資料B－ユニット18－アポイントメントを取る－対外－56頁）

---

[1] 日本語読解学習支援システム リーディングチュウ (https://chuta.cegloc.tsukuba.ac.jp/)

13. 王：田中さん、お忙しいところをすみません。ちょっと、<u>お伺いしたい</u>ことがあるんですが。

（資料 B －ユニット 16 －尋ねる－対内－ 45 頁）

14. ローラン：では、17 日金曜日の午後 1 時半に<u>お伺いする</u>ということで、よろしくお願いします。

大木：わかりました。お待ちしています。

（資料 A －第 1 課－アポイントメント－対外－ 16 頁）

　12 ～ 14 のような用法について、形から見れば「二重敬語」に当たるが、『敬語の指針』（2007）によると、「習慣として定着している二重敬語」として許容されている。これらの用法について、説明を加える必要があると思われる。このようなズレが、学習者に誤解をもたらす可能性もないとは言えないので、より全般的な内容を踏まえて授業に取り組む必要があると思われる。

〈参考文献〉

宮地裕（1968）「現代敬語の一考察」『国語学』第72集

菊地康人（1997）『敬語』講談社学術文庫

文化審議会（2007）『敬語の指針』文化審議会答申

諸星美智直（2012）「日本語ビジネス文書学の構想－研究分野と研究法－」『国語研究』第75号

任丽洁（2013）「关于日语中敬语动词的教学探讨——基于日剧中敬语动词的定量调查」『日语学习与研究』北京对外贸易学院

日本語学会（2018）『日本語学大辞典』東京堂出版

叶希（2018）『ビジネス日本語における条件表現：日本語教育の観点から』郵研社

周乗風（2019）『ビジネス日本語における感謝表現』郵研社

薛静（2020）『近代日本語教科書における謙譲表現』郵研社

呉雨（2021）『ビジネス日本語における副詞の研究』郵研社

朱大江（2022）『現代ビジネス文書における副詞について：ビジネス日本語教育の視点から』郵研社

譚新珂（2023）「ビジネス日本語文書における「謙譲表現」について-ビジネス日本語文書マニュアル本を中心に-」『文学研究科論集』國學院大學大学院文学研究科

日本語読解学習支援システム リーディングチュウ太（https://chuta.cegloc.tsukuba.ac.jp/）

〈調査資料〉

瀬川由美（他）（2008）『人を動かす！実戦ビジネス日本語会話』スリーエーネットワーク

沈媛媛（他）（2013）『礼仪商务日语会话』贵州大学出版社

阿部誠（他）（2015）『新编商务日语综合教程』东南大学出版社

宋健裕（他）（2007）『商务日语 - ビジネスマンのための日本語会話』世界图书出版公司

第九章　ビジネス日本語における「お（ご）…する」「お（ご）…申し上げる」「お（ご）…いたす」について

1. はじめに

　現代日本語における動詞（連用形）と動作性名詞を形式内に入る謙譲表現について、代表的なものとして「お（ご）…する」「お（ご）…申し上げる」「お（ご）…いただく」「お（ご）…いたす」「お（ご）…申す」などがある。そのうち、「お（ご）…する」「お（ご）…申し上げる」「お（ご）…いたす」は、意味上の違いは見られないが、使用場面や謙譲の度合いなどについて、必ずしも同様に使われているとは言えない。本稿では、ビジネス日本語におけるこれらの形式の使用実態について考察を加える。

　学習者にビジネス日本語場面における「お（ご）…する」「お（ご）…申し上げる」「お（ご）…いたす」について、どのように使い分けるかを説明するために、まずはビジネス日本語場面における 3 形式の使用傾向や相違点などを考察する必要があると考えられるため、本研究ではビジネス日本語文書とビジネス日本語会話の二つの面から、「お（ご）…する」「お（ご）…申し上げる」「お（ご）…いたす」の使用状況を把握することを目的とする。小松（1968）は、これらの表現について、だいたい同じ意味ではあるが、それぞれ独自の役わりや性格も備えていると述べており、「お（ご）…する」「お（ご）…申し上げる」「お（ご）…いたす」の共通点について、「動作をするものを待遇するのではなく、その動作や操作の影響の及ぶものを待遇するということである。」と述べている。更に「お（ご）…する」「お（ご）…申し上げる」「お（ご）…いたす」の相違点について、

174

「しかし、互換や待遇価値になると、3つの言い方が同じだとは言えない。」
と述べており、「言語生活」の「録音器」(創刊号から第166号)を対象
とした調査で、3形式の出現頻度上に違いが存在することが確認されたと
述べている。第二章(譚2023a)では主にビジネス日本語文書(マニュ
アル本)、第三章(譚2023b)ではビジネス日本語会話(経済小説)にお
けるすべての謙譲表現について、使用状況などを全体的な使用状況を論じ、
特に「お(ご)…する」「お(ご)…申し上げる」「お(ご)…いたす」の
3形式について使用状況を数量的に分析した。しかし、この問題はこれら
3形式によって待遇される動詞(連用形)と動作性名詞による相違も重要
な要素であると考えられる。そこで本稿では語彙の観点からビジネス日本
語における実態を、対外と対内に分けて考察を加えることにする。

2. 本研究で取り上げる調査資料について

現代ビジネス日本語における「お(ご)…する」「お(ご)…申し上げる」
「お(ご)…いたす」の使用実態を把握するために、ビジネス日本語文書
とビジネス日本語会話の両方を考察する必要があると思われる。そこで本
研究はビジネス日本語文書マニュアル本と経済小説を考察対象として取り
上げる。

本研究で取り上げるビジネス日本語文書マニュアル本について、次ペー
ジ表1のように示す。

3. ビジネス日本語文書マニュアル本における「お(ご)…する」「お(ご)…申し上げる」「お(ご)…いたす」の使用状況について

本研究で取り上げた5冊のビジネス日本語マニュアル本における「お
(ご)…する」「お(ご)…申し上げる」「お(ご)…いたす」の使用状況

第九章　ビジネス日本語における「お(ご)…する」「お(ご)…申し上げる」「お(ご)…いたす」について　175

表1　本研究で取り上げる調査資料について

ビジネス日本語文書マニュアル本	①志田唯史（2003）『最新決定版！CD-ROM 付きビジネス文書基本文例 230』オーエス出版
	②長峰洋子（2003）『そのまま使えるビジネス文書 458 例 in CD-ROM』こう書房
	③ビジネス文書マナー研究会（2006）『すぐに使えるビジネス文書実例集』ナツメ社
	④横須賀てるひさ他著　諸星美智直他監修（2008）『そのまま使える ビジネス文書文例集（ダウンロード特典付き）』かんき出版
	⑤西出ひろ子（2020）『イラストでまるわかり！入社 1 年目ビジネス文書の教科書』プレジデント社
経済小説（ビジネス日本語会話）	⑥池井戸潤（2007）『オレたちバブル入行組』文藝春秋・文春文庫
	⑦池井戸潤（2010）『オレたち花のバブル組』文藝春秋・文春文庫
	⑧安藤祐介（2012）『営業零課接待班』講談社・講談社文庫
	⑨江上剛（2015）『銀行支店長、走る』実業之日本社・実業之日本社文庫
	⑩高杉良（1997）『金融腐蝕列島（上、下）』KADOKAWA・角川文庫

について、次ページ表 2 に示したように、合計出現数は 4036 例である。そのうち対外場面における用例数は 3707 例であるのに対して、対内場面における用例数は 329 例であり、対外・対内における使用傾向上の偏りが存在すると言える。特に「お（ご）…申し上げる」について、使用傾向の偏りは非常に大きいと言える。

　形式別に言えば、「お（ご）…申し上げる」の用例数はどの資料においても最も多く現れる形式である。それに対して、「お（ご）…する」と「お

表2　5資料における3形式の使用状況について

	お（ご）…する	お（ご）…申し上げる	お（ご）…いたす	合計
『最新決定版！CD-ROM付きビジネス文書基本文例230』	対外57例、対内41例、合計98例	対外382例、対内14例、合計396例	対外84例、対内21例、合計105例	対外524例、対内76例、合計600例
『そのまま使えるビジネス文書458例in CD-ROM』	対外127例、対内28例、合計155例	対外1126例、対内16例、合計1142例	対外186例、対内26例、合計212例	対外1439例、対内70例、合計1509例
『すぐに使えるビジネス文書実例集』	対外80例、対内25例、合計105例	対外634例、対内32例、合計669例	対外89例、対内21例、合計110例	対外806例、対内78例、合計884例
『そのまま使える ビジネス文書文例集（ダウンロード特典付き）』	対外33例、対内4例、合計37例	対外337例、対内7例、合計344例	対外78例、対内30例、合計108例	対外448例、対内41例、合計489例
『イラストでまるわかり！入社1年目ビジネス文書の教科書』	対外28例、対内17例、合計45例	対外430例、対内21例、合計451例	対外32例、対内26例、合計58例	対外490例、対内64例、合計554例
合計	対外328例、対内115例、合計443例	対外2910例、対内90例、合計3000例	対外469例、対内124例、合計593例	対外3707例、対内329例、合計4036例

第九章　ビジネス日本語における「お(ご)…する」「お(ご)…申し上げる」「お(ご)…いたす」について　177

（ご）…いたす」の用例数について、大差は見られないが、「お（ご）…い
たす」の用例数は「お（ご）…する」の用例数より多く使用されている。
また、この使用傾向は５資料とも共通している。[1]

3.1 資料①における３形式の使用状況について

　資料①における３形式の全体的な使用状況について、最も多く使用さ
れている形式は「お（ご）…申し上げる」であるのに対して、「お（ご）
…する」は用例数が最も少ない形式である。また、３形式のいずれも、対
外的場面（対外・社交）における用例数が対内的場面（対内）より多く使
用されている。

　資料①における３形式内に入る語の出現数について、３形式のいずれも、
形式内に入る語に特徴的な語が存在する。例えば「慶ぶ」は、「お（ご）
…申し上げる」と共起する用例が多く見られるが、他の２形式との共起
する例は存在しない。例文の一部を以下に示す。

1. 拝啓　時下ますますご清祥のこととお慶び申し上げます。

　　　　　　　　　　　　　　　　　　（資料①－社外文書－101頁）

2. 拝啓　貴社ますますご隆盛のこととお慶び申し上げます。

　　　　　　　　　　　　　　　　　　（資料①－社外文書－165頁）

3. 拝啓　歳末ご多用のおりから、ますますご隆昌のこととお慶び申し
　　上げます。

　　　　　　　　　　　　　　　　　　（資料①－社外文書－224頁）

　以上の３例のように、資料①における90例の「お慶び申し上げる」は、
いずれも文書の最初の挨拶に現れ、挨拶文の定型文として定着していると
考えられる。この点について、譚（2023a）[1]でも言及している。

　また、他にも特徴的な例が存在している。資料①における「（お）礼」
について、「お（ご）…申し上げる」と組み合せたものが見られるが、「お

---

[1] 譚（2023a）では２点のマニュアル本について３形式を含む謙譲表現全体の使用状況を示している。

表3　資料①における3形式内に入る語の使用状況について[2]

	社 外	社 内	総 数
お（ご）…する （対外58、対内41、 総数99）	願う（12）、かける（15）、知らせる（1）、連絡（1）、案内（1）、聞く（2）、**断る（3）、応える（1）**、届く（1）、会う（2）、**提案（2）、出す、回答、紹介、説明、通知、協力、依頼、用意、猶予、案ずる、申し込む、任せる、祈る、借りる、伺う、詫びる、すすめる（各1）**	願う（16）、かける（5）、知らせる（5）、連絡（3）、案内（2）、聞く（1）、応える（1）、**戻す（2）、出す、届く（1）、配る、誓う、渡す、待つ**	願う（28例）、かける（20）、知らせる（6）、連絡（4）、案内（3）、聞く（3）、断る（3）、応える（2）、戻す（2）、届く（2）、会う（2）、提案（2）、出す（2）、回答（1）、紹介（1）、説明（1）、通知（1）、協力（1）、依頼（1）、用意（1）、猶予（1）、案ずる（1）、申し込む（1）、任せる（1）、祈る（1）、配る（1）、借りる（1）、誓う（1）、渡す（1）、待つ（1）、伺う（1）、詫びる（1）、すすめる（1）
お（ご）…申し上げる （対外382、対内14、総数396）	願う（142）、**慶ぶ（90）、礼（28）**、祈る（18）、詫びる（12）、**挨拶（17）**、報告（8）、**見舞う（8）、連絡（7）、回答（7）、案内（7）、祝う（6）、通知（6）、案ずる（4）、依頼（4）、返事（3）、悔む（3）、辞退（3）、すすめる、応える、知らせる、照会、同情、説明、請求、返答、弔問（各1）**	願う（3）、祈る（1）、詫びる（5）、報告（2）、**誓う（2）、待つ（1）**	願う（145）、慶ぶ（90）、礼（28）、祈る（19）、詫びる（17）、挨拶（17）、報告（10）、誓う（2）、見舞う（8）、連絡（7）、回答（7）、案内（7）、祝う（6）、通知（6）、案ずる（4）、依頼（4）、返事（3）、悔む（3）、辞退（3）、待つ、すすめる、応える、知らせる、照会、同情、説明、請求、返答、弔問（各1）
お（ご）…いたす （対外81、対内21、総数102）	願う（31）、**送る（7）、かける（7）**、報告（2）、案内（4）、連絡（3）、回答（3）、伝える（2）、**依頼（2）、請求（2）、祈る（2）**、届く（1）、**返送（2）、伺う（2）、注文、伝える、預かる、応える、引き取る、聞き及ぶ、送付、確認、納める、発注、察する（各1）**	願う（10）、報告（4）、案内（2）、連絡（1）、届く（1）、**知らせる（2）、約束（1）**	願う（41）、送る（7）、かける（7）、報告（6）、案内（6）、連絡（4）、回答（3）、伝える（2）、依頼（2）、請求（2）、祈る（2）、届く（2）、返送（2）、伺う（2）、知らせる（2）、注文、伝える、約束、預かる、応える、引き取る、聞き及ぶ、送付、確認、納める、発注、察する（各1）

[2]　表3〜表7、表9〜表13の太字で示した語は、各資料における3形式の形式内に入る語の中で、対外（或いは社内）のみで使用される語である。例えば表4の「断る（3）」は、資料④において、対外における用例は3例見られるが、社内における用例は存在しないということを示している。

（ご）…する」「お（ご）…いたす」と共起する例文は存在しない。「お（ご）
…する」と「お（ご）…申し上げる」の形式内に入る語に意図的加害性の
あるもの（「断る」「辞退」など）が見られるが、「お（ご）…いたす」と
共起する例は存在しない。「かける」は「お（ご）…する」と「お（ご）
…いたす」と共起する例は存在するのに対して、「お（ご）…申し上げる」
と共起する例は見られない。３形式のいずれも「願う」と共起する例は最
も多いが、「お（ご）…する」だけが対内的場面における用例数が対外的
場面における用例数より多く見られる形式である。「詫びる」は「お（ご）
…申し上げる」に入る例は17例見られ、「お（ご）…する」に入る例は
僅か１例しか見られない。更に、「お（ご）…いたす」に入る例は存在し
ない。「送る」は「お（ご）…いたす」に入る語の２位を占めているが、
他の２形式との共起は見られない。

　なお、資料①において、「お（ご）…申し上げる」は最も多く現れる形
式であるが、形式内に入る語の異なり語数が最も少ない形式である。それ
に対して、最も出現数の少ない「お（ご）…する」は、形式内に入る語の
異なり語数が最も多い形式である。但し、２回以上出現している語だけを
数えると、「お（ご）…申し上げる」の形式内に入る語の異なり語数は最
も多い。

3.2 資料②における３形式の使用状況について

　資料②における３形式の全体的な使用状況について、「お（ご）…申し
上げる」が最も多く使用されている形式であるのに対して、「お（ご）…する」
は用例数が最も少ない形式である。資料①と同様に、対外的場面における
用例数は対内的場面における用例数より多く存在する。

　資料②における３形式内に入る語の出現数を、次ページの表４に示す。
「お（ご）…申し上げる」「お（ご）…いたす」の形式内に入る語の出現数
について、最も多いのは「願う」であるが、「お（ご）…する」において
最も多く現れた語は「かける」である。

表4　資料②における３形式内に入る語の使用状況について

	社　外	社　内	総　数
お（ご）…する（対外127、対内28、総数155）	かける（38）、願う（10）、応える（17）、伺う（11）、注文（5）、送る（5）、届く（2）、納める（4）、断る（4）、送付（1）、受ける（1）、紹介（3）、聞く（2）、祈る（2）、振り込む、招く、伝える、約束、預かる、迎える、依頼、尋ねる、相談、提示、提供、手伝う、申し込む、取る、請求、開設、返送、返品、渡す、承諾、察する、待たせる（各1）	願う（15）、伺う（1）、届く（3）、送付（2）、受ける（2）、待つ（3）、支払う（2）	かける（38）、願う（25）、応える（17）、伺う（12）、注文（5）、送る（5）、届く（5）、納める（4）、断る（4）、送付（3）、受ける（3）、紹介（3）、待つ（3）、支払う（2）、聞く（2）、祈る（2）、振り込む、招く、伝える、約束、預かる、迎える、依頼、尋ねる、相談、提示、提供、手伝う、申し込む、取る、請求、開設、返送、返品、渡す、承諾、察する、待たせる（各1）
お（ご）…申し上げる（対外1126、対内16、総数1142）	願う（389）、喜ぶ（281）、礼（189）、挨拶（35）、詫びる（27）、祈る（29）、祝う（27）、見舞う（24）、待つ（15）、請求（9）、通知（9）、案内（7）、注文（7）、催促（6）、返送（6）、紹介（6）、知らせる（6）、祝福（6）、かける（5）、報告（4）、察する（4）、返事（4）、連絡（4）、祝詞（4）、回答（3）、悔む（2）、説明（2）、推察（2）、相談（2）、照会（2）、弔詞、期待、祈念、融通、入金、提案、問い合わせる、無理、一報、招待（各1）	願う（5）、詫びる（6）、祈る（1）、待つ（2）、誓う（2）	願う（394）、喜ぶ（281）、礼（189）、挨拶（35）、詫びる（33）、祈る（30）、祝う（27）、見舞う（24）、待つ（17）、請求（9）、通知（9）、案内（7）、注文（7）、催促（6）、返送（6）、紹介（6）、知らせる（6）、祝福（6）、かける（5）、報告（4）、察する（4）、返事（4）、連絡（4）、祝詞（4）、回答（3）、悔む（2）、誓う（2）、説明（2）、推察（2）、相談（2）、照会（2）、弔詞、期待、祈念、融通、入金、提案、問い合わせる、無理、一報、招待（各1）
お（ご）…いたす（対外186、対内26、総数212）	願う（69）、かける（18）、送る（18）、詫びる（8）、祈る（8）、振り込む（8）、届く（3）、返送（6）、知らせる（3）、紹介（5）、注文（5）、伺う（4）、連絡（4）、送付（3）、案内（2）、報告（1）、察する（2）、待つ（1）、回答（2）、説明（2）、照会（2）、承諾、請求、誓う、手配、送金、通知、推薦、相談、猶予、約束、贈る、祝う（各1）	願う（17）、届く（4）、知らせる（3）、報告、待つ（各1）	願う（86）、かける（18）、送る（18）、詫びる（8）、祈る（8）、振り込む（8）、届く（7）、返送（6）、知らせる（6）、紹介（5）、注文（5）、伺う（4）、連絡（4）、送付（3）、案内（2）、報告（2）、察する（2）、待つ（2）、回答（2）、説明（2）、照会（2）、承諾、請求、誓う、手配、送金、通知、推薦、相談、猶予、約束、贈る、祝う

第九章　ビジネス日本語における「お(ご)…する」「お(ご)…申し上げる」「お(ご)…いたす」について　　181

　資料②における「お（ご）…申し上げる」の形式内に入る語の異なり語数が「お（ご）…する」と「お（ご）…いたす」より多く存在しており、合計42語である。そのうち、31語に2例以上の用例が見られる。それに対して、「お（ご）…いたす」は形式内に入る語の異なり語数が最も少ない形式であり、33語現れており、そのうち2例以上使用された語は22語である。また、「お（ご）…する」の形式内に入る語の異なり語数は36語であり、2例以上使用される語は14語である。

　資料②における3形式の形式内に入る語について、資料①と同じく、使用傾向上の偏りが存在している。「かける」は「お（ご）…する」「お（ご）…いたす」における用例数は多いが、「お（ご）…申し上げる」に入ると非常に不自然であるため、共起する例が見られない。しかし、「報告」や「案内」などの語は、どの形式に入っても不自然さは感じないが、使用傾向に偏りが見られる。例えば資料②の場合、「報告」は「お（ご）…する」に入る例が見られない。また、「（お）悔み」「追悼」「弔意」「祈念」など、弔事に関する語は「お（ご）…申し上げる」に入ることは可能であるが、「お（ご）…する」「お（ご）…いたす」との共起は見られない。

　「（お）礼」「慶ぶ・喜ぶ」は、「お礼申し上げます」「お慶び申し上げます」「お慶び申し上げます」などのようなビジネス日本語場面における慣用表現が存在し、定着した用法しか存在しないと思われるため、「お（ご）…する」「お（ご）…いたす」の形式内に入る例文は見られない。例文の一部を以下に示す。

　4. 平素は格別のご愛顧を賜り、厚く<u>お礼申し上げます</u>。

（資料②－社外文書－ 138 頁）

　5. 拝啓時下ますますご隆昌のことと<u>お喜び申し上げます</u>。

（資料②－社外文書－ 146 頁）

　6. 拝啓早春の候、貴社ますますご繁栄のことと<u>お慶び申し上げます</u>。

（資料②－社外文書－ 203 頁）

3.3 資料③における3形式の使用状況について

　資料③における「お（ご）…申し上げる」の用例数は600例を超えており、最も多く現れる形式であるのに対して、「お（ご）…する」「お（ご）…いたす」の用例数はほぼ同じで、それぞれ105例、110例である。形式内に入る語の異なり語数について、「お（ご）…申し上げる」に入る語の異なり語数は最も多い（42語）。それに対して「お（ご）…いたす」の形式内に入る語の異なり語数は21語であり、最も少ない形式である。なお、「お（ご）…する」の形式内に入る語の異なり語数は28語である。また、二回以上使用される語の数について、「お（ご）…する」は15語、「お（ご）…申し上げる」は27語、「お（ご）…いたす」は11語である。

　資料③における「お（ご）…する」「お（ご）…申し上げる」「お（ご）…いたす」の形式内に入る語について、3形式のいずれも「願う」が最も現れる語である。「かける」は「お（ご）…する」「お（ご）…いたす」における用例は「願う」の次に多く見られるが、「お（ご）…申し上げる」との共起は存在しない。「喜ぶ（慶ぶ）」について、「お（ご）…申し上げる」における挨拶文の定型文として使用される用例は多数存在しているが、他の2形式における使用例は見られない。

　また、3形式のいずれも対外的場面における用例が主であるが、一部の語は、対内的場面の用例数は対外的場面の用例数より多い。例えば「お（ご）…する」における「知らせる」「説明」「取り替える」や、「お（ご）…申し上げる」における「届く」などがある。また「お（ご）…いたす」における「報告」「依頼」なども、対内的場面における用例の方が多い。特に「お（ご）…申し上げる」における「届く」について、7例を確認したが、すべて対内文書「届け出」の場面に使用されており、対外的場面における用例は見られない。以下のような例が見られる。

　7. このたび、下記のごとく結婚いたしましたのでお届け申し上げます。

（資料③－対内文書－異動変更届－230頁）

　8. 下記のように遅刻をいたしたく、お届け申し上げます。

表5　資料③における3形式内に入る語の使用状況について

	社　外	社　内	総　数
お（ご）…する（対外80、対内25、総数105）	願う（19）、かける（24）、伺う（5）、知らせる（1）、応える（5）、送る（3）、待つ（3）、受ける（3）、届く（1）、伝える（2）、相談（2）、聞く（2）、会う（2）、支払う、招く、用意、迎える、提供、送付、話す、訪れる（各1）	願う（8）、伺う（5）、知らせる（4）、届く（2）、詫びる（2）、説明、取り替える、答える、報告（各1）	願う（27）、かける（24）、伺う（10）、知らせる（5）、応える（5）、送る（3）、待つ（3）、受ける（3）、届く（3）、伝える（2）、相談（2）、聞く（2）、会う（2）、詫びる（2）、支払う、招く、用意、迎える、提供、送付、説明、取り替える、話す、訪れる、答える、報告
お（ご）…申し上げる（対外633、対内32、総数665）	願う（202）、礼（115）、喜ぶ（148）、詫びる（14）、祈る（16）、返事（11）、報告（6）、通知（9）、待つ（8）、案内（9）、祝う（8）、注文（8）、回答（8）、挨拶（8）、依頼（7）、知らせる（6）、連絡（6）、見舞う（6）、悔む（4）、伝う（4）、相談（4）、請求（4）、照会（3）、伺う（2）、支援（2）、送付（2）、注意、招く、送る、紹介、融通、見積る、奉仕、返品、悼む、答える、承諾、察する、便り（各1）	願う（13）、詫びる（4）、報告（4）、待つ、届く（7）、悔む、伺う、提案	願う（215）、礼（115）、喜ぶ（148）、詫びる（18）、祈る（16）、返事（11）、報告（10）、通知（9）、待つ（9）、案内（9）、祝う（8）、注文（8）、回答（8）、挨拶（8）、依頼（7）、届く（7）、知らせる（6）、連絡（6）、見舞う（6）、悔む（5）、伝う（4）、相談（4）、請求（4）、照会（3）、伺う（3）、支援（2）、送付（2）、注意、招く、送る、紹介、融通、見積る、奉仕、返品、悼む、答える、承諾、察する、便り、提案（各1）
お（ご）…いたす（対外89、対内21、総数110）	願う（48）、かける（11）、届く（1）、伺う（4）、祈る（5）、知らせる（3）、送る（3）、連絡（2）、詫びる（1）、察する（2）、尋ねる、相談、送付、受ける、申し入れ、返送、返却、答える、便り（各1）	願う（5）、かける（2）、届く（5）、伺う（2）、知らせる（1）、報告（4）、詫びる、依頼（各1）	願う（53）、かける（13）、届く（6）、伺う（6）、祈る（5）、知らせる（4）、報告（4）、送る（3）、連絡（2）、詫びる（2）、察する（2）、依頼、尋ねる、相談、送付、受ける、申し入れ、返送、返却、答える、便り（各1）

（資料③－対内文書－遅刻早退届－ 224 頁）

　なお、本資料において、「お（ご）…する」「お（ご）…申し上げる」「お（ご）…いたす」の形式内に入る語として、加害性の動詞（または動作性名詞）「断る」「辞退」などは見られない。

3.4 資料④における3形式の使用状況について

　本資料における3形式の使用状況について、次ページ表6のように示す。「お（ご）…する」の用例は最も少なくて、僅か37例しか見られない。それに対して、「お（ご）…申し上げる」の用例数は344例であり、最も多く現れる形式である。また、「お（ご）…いたす」の用例数は108例である。

　形式内に入る語の異なり語数から見れば、最も多いのは「お（ご）…申し上げる」であり、合計26語存在しており、そのうち2回以上使用される語は15語である。それに対して「お（ご）…する」の形式内に入る語の異なり語数は14語で、2回以上使用される語は僅か2語である。また、「お（ご）…いたす」の形式内に入る語の異なり語数は20語であり、2回以上使用される語は11語である。なお、本資料における3形式のいずれも、対外的場面の用例は対内的場面より多く現れるが、割合から見れば、「お（ご）…いたす」の対内的場面における用例は比較的多い。それに対して、「お（ご）…申し上げる」は少なく、偏りが大きいと言えよう。

　以上のことから、本資料における「お（ご）…する」「お（ご）…申し上げる」「お（ご）…いたす」の使用状況における偏りが指摘できる。また、本資料は用例数・形式内に入る語の異なり語数が今回考察した資料の中で最も少ない一冊である。個別に見ると、本資料において、「願う」の用例はどの形式にも多く見られる。「お（ご）…申し上げる」の場合、最も多く現れる語は挨拶の定型文として使用される「喜ぶ（慶ぶ）」である。「報告」は3形式とも用例が見られるが、「お（ご）…いたす」における用例はすべて対内的場面で見られるものである。

第九章　ビジネス日本語における「お（ご）…する」「お（ご）…申し上げる」「お（ご）…いたす」について　　　185

表６　資料④における３形式内に入る語の使用状況について

	社　外	社　内	総　数
お（ご）…する （対外 33、対内 4、 総数 37）	願う（11）、かける（11）、**支払う、伝える、用意、応える、聞く、受ける、届く、断る、答える、伺う、報告（各１）**	願う（2）、かける（1）、**知らせる（各１）**	願う（13）、かける（12）、知らせる、支払う、伝える、用意、応える、聞く、受ける、届く、断る、答える、伺う、報告（各１）
お（ご）…申し上げる （対外 337、対内 7、総数 344）	**喜ぶ（107）、願う（81）、礼（52）、挨拶（17）、祝う（13）**、詫びる（9）、**祈る（11）、案内（9）、知らせる（7）、見舞う（5）、通知（4）、悔む（4）、連絡（3）、送る（2）、回答（2）**、伺う、報告、**照会、依頼、紹介、融通、請求、冥福、返事、察する、拝察（各１）**	願う（2）、詫びる（3）、伺う、報告（各１）	喜ぶ（107）、願う（83）、礼（52）、挨拶（17）、祝う（13）、詫びる（12）、祈る（11）、案内（9）、知らせる（7）、見舞う（5）、通知（4）、悔む（4）、連絡（3）、送る（2）、回答（2）、伺う（2）、報告（2）、照会、依頼、紹介、融通、請求、冥福、返事、察する、拝察（各１）
お（ご）…いたす （対外 78、対内 30、総数 108）	願う（51）、知らせる（6）、届く（1）、答える（3）、伺う（1）、**かける（3）、送付（2）、祈る（2）、連絡（2）**、詫びる、**照会、協力、通知、受ける、見舞う、察する（各１）**	願う（9）、知らせる（1）、届く（6）、報告（6）、答える（2）、伺う（2）、詫びる、**提案、説明**、付ける（各１）	願う（60）、知らせる（7）、届く（7）、報告（6）、答える（5）、伺う（3）、かける（3）、送付（2）、祈る（2）、連絡（2）、詫びる（2）、照会、協力、通知、受ける、見舞う、付ける、察する（各１）

186

3.5 資料⑤における３形式の使用状況について

　資料⑤における「お（ご）…する」「お（ご）…申し上げる」「お（ご）…いたす」の使用状況について、次ページ表7のように示す。本資料において、「お（ご）…申し上げる」は合計451例存在しており、最も多く使用される形式である。「お（ご）…する」「お（ご）…いたす」の用例数は「お（ご）…申し上げる」より少なくて、それぞれ45例・58例である。「お（ご）…申し上げる」の場合、対外的場面と対内的場面における用例の差が大きいと言えるが、「お（ご）…する」「お（ご）…いたす」の場合、対内的場面においても多く用いられている。特に「お（ご）…いたす」について、半分近くの用例は対内的場面における用例である。

　また、形式内に入る語の異なり語数について、「お（ご）…申し上げる」の形式内に入る語の異なり語数は39語であり、最も多い形式である。そのうち２回以上使用される語は27語である。「お（ご）…する」の形式内に入る語の異なり語数は19語であり、二回以上使用される語は５語である。また、「お(ご)…いたす」の形式内に入る語の異なり語数は20語で、２回以上使用される語は７語である。他の４資料と同じように、「願う」は３形式とも頻繁に使用される語である。「かける」は「お（ご）…する」「お（ご）…いたす」の形式内に入る例は多数見られるが、「お（ご）…申し上げる」との共起は見られない。「詫びる」は「お（ご）…申し上げる」の形式内に入る例は多数使用されているが、「お（ご）…する」「お（ご）…いたす」と共起する例は見られない。

4. 経済小説における「お（ご）…する」「お（ご）…申し上げる」「お（ご）…いたす」の使用状況について

　5点の経済小説における「お（ご）…する」「お（ご）…申し上げる」「お（ご）…いたす」の使用状況 について、188ページ表8のように示す。3形式の合計出現数は282例である。そのうち対外場面における用例は183例

第九章　ビジネス日本語における「お(ご)…する」「お(ご)…申し上げる」「お(ご)…いたす」について　　187

表7　資料⑤における３形式内に入る語の使用状況について

	社　外	社　内	総　数
お（ご）…する （対外28、対内17、総数45）	かける（8）、願う（2）、伺う（6）、受ける（2）、断る、返送、訪れる、取り替える、申し込む、送る、尋ねる、引き渡す、応える、聞く（各1）	かける（3）、願う（8）、報告（2）、提案、伝える、招く、知らせる（各1）	かける（11）、願う（10）、伺う（6）、報告（2）、受ける（2）、断る、返送、訪れる、取り替える、申し込む、送る、提案、尋ねる、引き渡す、応える、伝える、招く、知らせる、聞く（各1）
お（ご）…申し上げる （対外430、対内21、総数451）	願う（123）、喜ぶ（99）、礼（72）、詫びる（12）、祈る（17）、挨拶（15）、見舞う（12）、感謝（9）、報告（5）、祝う（6）、案内（6）、深謝（6）、回答（4）、連絡（4）、紹介（4）、待つ（2）、悔み（3）、届く（1）、通知（3）、察する（2）、送る（2）、請求（2）、推薦（2）、依頼（2）、追悼（2）、拝察（2）、注文（2）、伺う、貸す、返事、辞退、返答、奉仕、懇願、照会、催告、祈る、祈念（各1）	願う（10）、詫びる（6）、報告（2）、待つ、届く（2）	願う（133）、喜ぶ（99）、礼（72）、詫びる（18）、祈る（17）、挨拶（15）、見舞う（12）、感謝（9）、報告（7）、祝う（6）、案内（6）、深謝（6）、回答（4）、連絡（4）、紹介（4）、待つ（3）、悔み（3）、届く（3）、通知（3）、察する（2）、送る（2）、請求（2）、推薦（2）、依頼（2）、追悼（2）、拝察（2）、注文（2）、伺う、貸す、返事、辞退、返答、奉仕、懇願、照会、催告、祈る、祈念（各1）
お（ご）…いたす （対外32、対内26、総数58）	願う（13）、かける（7）、伺う、届く、察する、打ち合わせる、返却、任す、紹介、送る、送付、応える、約束、招く	願う（5）、報告（6）、伺う（5）、届く（3）、祈る（2）、知らせる（2）、案内、答える、誓う（各1）	願う（18）、かける（7）、報告（6）、伺う（6）、届く（4）、祈る（2）、知らせる（2）、案内、察する、答える、打ち合わせる、返却、任す、紹介、誓う、送る、送付、応える、約束、招く（各1）

表8　資料⑥〜⑩（経済小説）における3形式の使用状況について[3]

	お（ご）…する	お（ご）…申し上げる	お（ご）…いたす	合計
『金融腐蝕列島（上、下）』（資料⑥）	対外97例、対内27例、合計124例	対外7例、対内0例、合計7例	対外2例、対内0例、合計2例	対外106例、対内27例、合計133例
『オレたちバブル入行組』（資料⑦）	対外18例、対内3例、合計21例	なし	対外2例、対内0例、合計2例	対外20例、対内3例、合計23例
『オレたち花のバブル組』（資料⑧）	対外35例、対内21例、合計56例	なし	なし	対外35例、対内21例、合計56例
『営業零課接待班』（資料⑨）	対外16例、対内33例、合計49例	対外0例、対内3例、合計3例	なし	対外16例、対内36例、合計52例
『銀行支店長、走る』（資料⑩）	対外4例、対内10例、合計14例	対外0例、対内1例、合計1例	対外2例、対内1例、合計3例	対外6例、対内12例、合計18例
合計	対外170例、対内94例、合計264例	対外7例、対内4例、合計11例	対外6例、対内1例、合計7例	対外183例、対内99例、合計282例

であり、対内場面における用例は99例である。「お（ご）…する」は5点のいずれも用例が見られるが、「お（ご）…申し上げる」は資料⑦、資料⑧において、用例が見られない。また、「お（ご）…いたす」について、資料⑧⑨以外の作品から用例の存在を確認した。

　また、資料⑥〜⑧について、対外的場面における「お（ご）…する」「お（ご）…申し上げる」「お（ご）…いたす」の用例が、対内的場面における

---

[3] 第三章では3点の経済小説について3形式を含む謙譲表現全体の使用状況を示している。

用例より多数存在しているのに対して、資料⑨〜⑩においては、対内的場面における用例の方が多いことが認められる。理由として考えられるのは、資料⑨〜⑩において、部門内部の描写シーンが多く書かれており、対内的場面が多く存在するからである。

　全体的に言えば、「お（ご）…する」は最も多く使用される形式であり、合計264例見られる。それに対して、「お（ご）…申し上げる」「お（ご）…いたす」の用例は非常に少ない。特に「文書」において大量に使用される「お（ご）…申し上げる」は、僅か11例しか使用されていない。

4.1　資料⑥における3形式の使用状況について

　資料⑥における「お（ご）…する」「お（ご）…申し上げる」「お（ご）…いたす」の用例数は252例であり、5作品の中で最も多く使用されている。使用状況の詳細について、次ページの表9のように示す。

　本資料において、「お（ご）…する」の用例は他の二形式と比べて、非常に多く使用されている。形式内に入る語の異なり語数について、「お（ご）…する」は合計23語が見られ、2回以上使用される語は11語である。「お（ご）…申し上げる」の形式内に入る語の異なり語数は6語で、2回以上使用される語は「注意」だけである。「お（ご）…いたす」の形式内に入る語・2回以上使用される語は「願う」だけであり、他の語と共起する用例は存在しない。また、本資料において、「お（ご）…申し上げる」「お（ご）…いたす」は、対内的場面では使用されていない。

4.2　資料⑦における3形式の使用状況について

　資料⑦における3形式の全体的な使用状況について、次ページ表10のように示す。全体的に3形式のいずれも用例数は非常に少ない。特に「お（ご）…申し上げる」は、本資料における用例が見られない。「お（ご）…いたす」も、用例は僅か1例しか存在しない。3形式内に入る語の異なり語数も僅かしか見られない。

表9　資料⑥における3形式の使用状況について

	社 外	社 内	総 数
お（ご）…する （対外97、対内27、総数124）	願う (57)、会う (7)、待つ (6)、邪魔 (3)、融資 (5)、相談 (4)、伝える (2)、**話す (2)、約束 (2)**、察す、**聞く、迎える、尋ねる、断る、伺う、説明、報告、挨拶（各1）**	願う (12)、会う、待つ（各1）、邪魔 (3)、融資、伝える、話す、聞く（各1）、**受ける (2)、用意、訪れる、答える**、察す（各1）	願う (69)、会う (8)、待つ (7)、邪魔 (6)、融資 (6)、伝える (3)、話す (3)、相談 (4)、約束 (2)、聞く (2)、受ける (2)、察す (2)、用意、訪れる、答える、迎える、尋ねる、断る、伺う、説明、報告、挨拶（各1）
お（ご）…申し上げる （対外7、対内0、総数7）	**注意 (2)、願う、待つ、提案、報告、説明（各1）**	なし	注意 (2)、願う、待つ、提案、報告、説明（各1）
お（ご）…いたす （対外2、対内0、総数2）	**願う (2)**	なし	願う (2)

表10　資料⑦における3形式の使用状況について

	社 外	社 内	総 数
お（ご）…する （対外18、対内3、総数21）	願う (13)、**伺う (2)**、案内、**会う、無沙汰（各1）**	願う、案内、**報告（各1）**	願う (14)、伺う (2)、案内 (2)、会う、報告、無沙汰（各1）
お（ご）…申し上げる	なし	なし	なし
お（ご）…いたす （対外2、対内0、総数2）	**願う (2)**		願う (2)

4.3 資料⑧における3形式の使用状況について

資料⑧における3形式の全体的な使用状況について、次ページ表11に示した通り、「お（ご）…する」の用例数は55例であるのに対して、「お（ご）…申し上げる」と「お（ご）…いたす」の用例は見られない。「お（ご）…する」の出現場面について、35例は対外的場面における用例で、他の20例は対内的場面における用例である。また、「お（ご）…する」の形式内に入る語の異なり語数は、合計17語あり、そのうち2回以上使用される語は7語である。

4.4 資料⑨における3形式の使用状況について

資料⑨における3形式の使用状況について、次ページ表12に示す。「お（ご）…する」の用例数が最も多いのに対して、「お（ご）…いたす」の用例が見られない。「お（ご）…申し上げる」は僅か3例しか見られない。

また、3形式のいずれも、対内的場面における用例数は対外的場面における用例数より多い。本来であれば、「お（ご）…申し上げる」は謙譲の度合いが高い表現であるため、対外的場面で使用されるのが一般的であるが、資料⑨は対外的場面における用例が見られず、3例とも対内的場面における用例である。

4.5 資料⑩における3形式の使用状況について

資料⑩における3形式の使用状況について次ページ表13のように示す。本資料では「お（ご）……する」「お（ご）……申し上げる」「お（ご）……いたす」が今回取り上げた小説の中で最も少ない。「お（ご）…する」は14例見られるが、形式内に入る語の異なり語数は2語だけである。「お（ご）…申し上げる」は本資料において、最も少ない形式で、1例しか使用されていない。「お（ご）…いたす」の用例数は3例で、形式内に入る語の異なり語数は2語である。

表 11　資料⑧における 3 形式の使用状況について

	社　外	社　内	総　数
お（ご）…する （対外 35、対内 21、総数 56）	願う (13)、伺う (5)、話す (2)、かける (2)、**渡す** (3)、相談、待つ、**断る、返す、取る、任す、紹介、受ける、無沙汰、協力**（各 1）	願う (10)、伺う (3)、話す (3)、かける、相談（各 1）、**尋ねる** (2)、持つ	願う (23)、伺う (8)、話す (5)、かける (3)、渡す (3)、相談 (2)、尋ねる (2)、持つ、待つ、断る、返す、取る、任す、紹介、受ける、無沙汰、協力
お（ご）…申し上げる （なし）	なし	なし	なし
お（ご）…いたす （なし）	なし	なし	なし

表 12　資料⑨における 3 形式の使用状況について

	社　外	社　内	総　数
お（ご）…する （対外 17、対内 32、総数 49）	願う (10)、無沙汰 (2)、話す、**呼び立てる、待つ、検討、邪魔**（各 1）	願う (20)、無沙汰、話す（各 1）、紹介 (2)、**挨拶、返す、すすめる、連絡、説明、提案、協力、預かる**（各 1）	願う (30)、無沙汰 (3)、話す (2)、紹介 (2)、呼び立てる、挨拶、待つ、返す、検討、すすめる、連絡、説明、提案、邪魔、協力、預かる（各 1）
お（ご）…申し上げる （対外 0、対内 3、総数 3）	なし	**願う** (2)、**礼** (1)	願う (2)、礼 (1)
お（ご）…いたす （なし）	なし	なし	なし

表13　資料⑩における3形式の使用状況について

	社　外	社　内	総　数
お（ご）…する （対外4、対内10、総数14）	願う（3）、待つ（1）	願う（9）、待つ（1）	願う（12）、待つ（2）
お（ご）…申し上げる （対外（0），対内1、総数1）	なし	**報告（1）**	報告（1）
お（ご）…いたす （対外2、対内1、総数3）	願う、**案内**	願う	願う（2）、案内（1）

5. まとめ

　これまでは5冊のビジネス日本語文書マニュアル本と5点の経済小説を取り上げて、ビジネス日本語文書とビジネス日本語会話における「お（ご）…する」「お（ご）…申し上げる」「お（ご）…いたす」の使用状況を考察して、使用上の違いが存在することを指摘した。ビジネス日本語文書マニュアル本の場合、いずれも対外的場面における用例が対内的場面における用例より多く、「お（ご）…申し上げる」は最も多く使用されている形式である。また、資料①以外のいずれも、「お（ご）…申し上げる」の形式内に入る語の異なり語数が最も多い。菊地（2010）は「お（ご）…申し上げる」の形式内に入る語について、「ただし、～に入られる語は「お（ご）～する」の場合より、かなり少な目です。」と述べているが、今回の考察では、ビジネス日本語文書マニュアル本の場合はこれと異なる様相が示されていることが指摘できる。

　また、ビジネス日本語文書マニュアル本における「願う」は全資料・全形式において、形式内に入る語として最も多く使用されている。「かける」は、「お（ご）…する」「お（ご）…いたす」の形式内に入る例は多数見ら

れるが、「お（ご）…申し上げる」との共起は、資料②に現れる５例しか存在しない。「喜ぶ（慶ぶ）」「礼」は「お（ご）…申し上げる」と共起して「お喜び申し上げます」「お礼申し上げます」のような定型文として使用される傾向があるため、他の２形式「お（ご）…する」「お（ご）…いたす」と共起する例文は存在しない。「（お）悔み」「追悼」「弔意」「祈念」など、弔事に関する語は「お（ご）…申し上げる」に入ることは可能であるが、「お（ご）…する」「お（ご）…いたす」との共起は見られない。

　それに対して、経済小説における「お（ご）…する」「お（ご）…申し上げる」「お（ご）…いたす」の用例はある程度存在しているが、ビジネス日本語文書マニュアル本と比べると、出現数が少ないと言えよう。また、ビジネス日本語文書マニュアル本と違って、経済小説における「お（ご）…する」「お（ご）…申し上げる」「お（ご）…いたす」の３形式のなかで、「お（ご）…する」は最も多く使用されている形式であり、「お（ご）…申し上げる」の用例はほぼ見られないという特徴が認められる。なお、経済小説の場合、対外的場面における用例は対内的場面における用例より多く見られるが、ビジネス日本語文書マニュアル本ほどの差異があるとは言い難い。

　また、ビジネス日本語文書マニュアル本における３形式内に入る語の異なり語数は経済小説における３形式内に入る語の異なり語数より多く見られる。しかし、両者とも、特徴的な語が存在している。例えばビジネス日本語文書マニュアル本の場合、「かける」は「お（ご）…する」と共起する用例が多数見られるが、経済小説において、このようなパターンは僅か３例しか存在しない。更に、経済小説の場合、「かける」は「お（ご）…いたす」との共起は見られない。また、経済小説には「無沙汰」「邪魔」と「お（ご）…する」が共起する例は幾つか見られるが、ビジネス日本語文書マニュアル本において、そのような例文は１例も見られない。「喜ぶ（慶ぶ）」は「お（ご）…申し上げる」と共起して「お喜び申し上げます」のようなビジネス文書の定型文として使用されるケースが多いが、経済小説

の会話文に 1 例も現れない。

　もちろん、両者の間に共通する特徴も存在する。形式内に入る語に、「報告」「融資」「提案」などのように、いかにもビジネスの場面に現れやすい語が存在している。また、「願う」は資料・場面・形式に関係なく、最も多く現れる語である。

〈参考文献〉

伊藤博美（2018）「近・現代の謙譲語形式の消長とその背景－「お / ご～」の四形式－」『近代語研究』第 20 集　近代語学会

菊地康人（2010）『敬語再入門』講談社学術文庫

小松寿雄（1967）「「お…する」の成立」『国語と国文学』44（4）　東京大学国語文学会

小松寿雄（1968）「「お…する」「お…いたす」「お…申し上げる」の用法」『近代語研究』第 2 集　近代語学会

田中章夫（2002）『近代日本語の語彙と語法』東京堂出版

譚新珂（2023a）「ビジネス日本語文書における「謙譲表現」について - ビジネス日本語文書マニュアル本を中心に -」『文学研究科論集』國學院大學大学院文学研究科

譚新珂（2023b）「経済小説におけるビジネス日本語会話にあらわれる謙譲語について」『国学院大学日本語教育研究』国学院大学日本語教育研究会編集委員会

〈調査資料〉

・ビジネス日本語文書マニュアル本

志田唯史（2003）『最新決定版！CD-ROM 付きビジネス文書基本文例 230』オーエス出版

長峰洋子（2003）『そのまま使えるビジネス文書 458 例 in CD-ROM』こう書房

ビジネス文書マナー研究会（2006）『すぐに使えるビジネス文書実例集』ナツメ社

横須賀てるひさ他著　諸星美智直他監修（2008）『そのまま使える ビジネス文書文例集（ダウンロード特典付き）』かんき出版

西出ひろ子（2020）『イラストでまるわかり！入社 1 年目ビジネス文書の教科書』プレジデント社

・経済小説

高杉良（1997）『金融腐蝕列島（上、下）』KADOKAWA・角川文庫

池井戸潤（2007）『オレたちバブル入行組』文藝春秋・文春文庫

池井戸潤（2010）『オレたち花のバブル組』文藝春秋・文春文庫

安藤祐介（2012）『営業零課接待班』講談社・講談社文庫

江上剛（2015）『銀行支店長、走る』実業之日本社・実業之日本社文庫

第十章　終章　結論とこれからの課題

1. 本書で得られた結論

　本書は、多様な資料から用例を集めて、ビジネス日本語における謙譲表現について考察・分析を行い、現代日本語におけるビジネス日本語において、謙譲表現はどのような使用実態なのかを解明した。

　第一章では、本書の研究背景などを述べながら、本書に関わる先行研究をまとめた。現代日本語における敬語について、どのように分類されているのか、その分類の歴史的変遷などについての先行文献を整理して、本書で用いる分類法を確定した。また、ビジネス日本語について、用語の定義などを明確にした。最後に、本書の考察資料の選別について論じており、ビジネス文書マニュアル本やビジネス日本語教科書、または経済小説などの資料を考察対象として取り上げて、その妥当性について述べていた。

1.1 ビジネス日本語文書における謙譲表現について

　第二章は、2冊のビジネス文書マニュアル本を調査資料とし、謙譲表現の用例を合計2422例取り上げて考察を行った。2422例のうち、謙譲語Ⅰの用例数は1569例であり、謙譲語Ⅱは689例である。また、謙譲語Ⅰ兼謙譲語Ⅱ「お（ご）……いたす」の用例数は、164例である。ビジネス文書マニュアル本において、謙譲語Ⅰが大量に使用されているという特徴があることを明らかにした。それについて、謙譲語Ⅰの方が形式の種類が多いということもその結果に関係する要素であると考えられるが、それ

以外にも謙譲語Ⅰと謙譲語Ⅱの機能上の違いもこの結果に大きく関与していると考えられる。謙譲語Ⅱは相手を高めることはできないため、敬度の高さが求められるビジネス日本語文書では、謙譲語Ⅰを使用する方が相手への敬度の高さをより表現できると考えられる。

　また、一部の形式について、それぞれ使用上の特徴が見られる。例えば謙譲語Ⅰ一般形に属する「お（ご）…する」について、形式内に入る語に「願う」が大量に使用されている。しかし、「お願いする」という表現は、現在では謙譲の度合いは非常に低いため、謙譲表現として認識されない例文が存在する。語形だけを見れば、謙譲語Ⅰの一般形に見えるが、用法から言えば、謙譲意識が喪失しているように見える例文は多く存在している。それに対して、「お（ご）…申し上げる」の形式内に入る語にも「願う」が存在し、「お願い申し上げる」という用例も多数存在しているが、「お（ご）…申し上げる」自体の謙譲度合いが高いため、謙譲意識が喪失しているようには見えない。また、社内文書では、「お（ご）……する」は「お（ご）……申し上げる」より多く使用されている傾向が見られる。現代社会におけるビジネス日本語文書では、「お（ご）……する」の謙譲意識が薄くなっていく可能性があることを示唆していると言えよう。その結果として、社外・社内によって、両形式に使用上の偏りが見られるように、ビジネス日本語文書における使い分けが見られる。

　他にも、特徴的な形式が存在しているが、一部について（「…（さ）せていただく」など）他の章で詳しく考察を行った。

1.2 ビジネス日本語会話における謙譲表現について

　第三章は、3冊の経済小説を資料として、ビジネス会話における謙譲語の使用を観察した。その結果，ビジネス会話にあらわれる謙譲語は，第二章で調査したビジネス文書にあらわれる謙譲語と比較して、あらわれる語に違いが見られたり，同じ語があらわれる場合でも使用頻度に違いが見られたりすることが明らかになった。

本章で取り上げる３資料の会話文における謙譲語の出現総数は438例である。そのうち、謙譲語Ⅰの用例数は343例であり、謙譲語Ⅱの用例数は86例である。また、謙譲語Ⅰ兼謙譲語Ⅱの用例数は9例である。３資料のいずれについても、謙譲語Ⅰが謙譲語Ⅱより多く使用されており、謙譲語Ⅰ兼謙譲語Ⅱの用例は非常に少ないという結果が出た。全体的に、謙譲語Ⅰの使用頻度は謙譲語Ⅱの使用頻度より高い傾向があると言える。第二章の調査結果と比べると、ビジネス日本語文書においては、謙譲語Ⅰ特定形「存じ上げる」「差し上げる」、謙譲語Ⅰ一般形「お（ご）……申し上げる」の用例が多数出現しているが、ビジネス日本語会話においては、この３形式の用例数は非常に少ない。また、謙譲語Ⅰ一般形「お（ご）……申し上げる」については、謙譲の度合いが高いため、本来であれば、対外的場面における用例は多数存在すると予想されるが、本章の考察において僅か３例しか確認できず、しかも３例とも対内的場面、社内の講演で使用されている。また、出現形式の種類については、会話の方が文書より少ない。例えば、謙譲語Ⅰ特定形である「お目にかかる」「お目にかける」「御覧に入れる」などの形式については、今回の考察において用例を確認できず、会話場面における使用が避けられている可能性があると思われる。

　このように、ビジネス日本語会話における謙譲表現の使用状況が、文書における使用状況とは異なる傾向が認められる。現代日本語会話における謙譲語の使用は少ないとしばしば指摘されているように、今回の調査結果においても、確かに会話における謙譲語の出現数は文書における謙譲語の出現数より少ないという傾向は存在すると言える。

　また、ジャンルが多岐にわたる現代文学の中では、むしろビジネス会話を反映した経済小説だからこそ、これほどの謙譲語の用例が見られたと解することもできると考えられよう。それを検証するために、本章は、比較資料として５冊の別ジャンルの小説を調査し、現れる謙譲語を考察した。その結果、５冊の小説における謙譲語の用例が僅かしか見られず、現代日本語会話における謙譲語の使用実態を調査するために、経済小説を対象に

202

することは非常に有意義で、効率よくかつバランスよく用例を集めること
ができるということを証明したと言える。

1.3 ビジネス日本語における「〜（さ）せていただく」について

　「〜（さ）せていただく」について、近年では、過剰使用、誤用、拡張
用法など、その使用上の変化についてよく議論されている。その実態を解
明するため、第四章、第五章では、ビジネス日本語における「〜（さ）せ
ていただく」について論じている。また、第二章と第三章に示したように、
ビジネス日本語文書とビジネス日本語会話の間に差異が存在するため、第
四章はビジネス日本語文書における「〜（さ）せていただく」について調
査・考察を行い、第五章はビジネス日本語会話における「〜（さ）せてい
ただく」について調査・考察を行った。

　第四章は、7冊のビジネス日本語マニュアル本を調査対象として取り
上げて、合計334例の「〜（さ）せていただく」を抽出して考察を行い、
以下のように分類を試みた。

〈1〉本来用法、話し手が聞き手（特定できる相手）から恩恵を受け、ま
　　たは許可を請う場合。

〈2〉拡張用法、「恩恵を受ける/許可を請う」の意味が薄く、あるいは「恩
　　恵を受ける/許可を請う」という相手を特定できない。また、話し手が
　　自分の立場を低くしてある行為（或いはこれからの行為）を相手に伝え
　　る場合。

〈3〉変質用法、「恩恵を受ける/許可を請う」の意味は見当たらず、話し
　　手が何かを「宣言」しているように聞こえ、または「攻撃性」「自己主張性」
　　を強く感じられる場合。

　334例のうち、Ⅰ類の用例は153例、Ⅱ類の用例は76例、Ⅲ類の用
例は148という結果から見れば、現代のビジネス文書マニュアル本では、
既に「〜（さ）せていただく」の拡張・拡大的用法をある程度認めている
と考えられる。また、第四章の調査によると、将来の「〜（さ）せていた

だく」が謙譲語Bとして活躍する可能性があるということについて、今回の調査はある程度その可能性を裏付けたと言えよう。更に、第四章の用例から、「警告」の意味を含む用例が見られることから、ビジネス日本語マニュアル本において、「攻撃性」または「自己主張性」が感じられる用法が存在していると言える。

第五章は、10冊の経済小説を調査対象として取り上げて、合計177例の用例を抽出して考察を行い、以下のように分類を試みた。

〈1〉本来用法、話し手が聞き手（特定できる相手）から恩恵を受け、または許可を請う場合。

〈2〉拡張用法、「恩恵を受ける/許可を請う」の意味が薄く、あるいは「恩恵を受ける/許可を請う」という相手を特定できない。また、話し手が自分の立場を低くしてある行為（或いはこれからの行為）を相手に伝える場合。

〈3〉変質用法、「恩恵を受ける/許可を請う」の意味は見当たらず、話し手が何かを「宣言」しているように聞こえ、または「攻撃性」「自己主張性」を強く感じられる場合。

177例のうち、「本来用法」に分類できる用例は90例、「拡張用法」に分類できる用例は62例、「変質用法」に分類できる用例は25例である。現代におけるビジネス日本語会話場面では、「〜（さ）せていただく」の「本来用法」の用例だけではなく、「拡張用法」と「変質用法」の用例も確認され、ビジネス日本語会話での「〜（さ）せていただく」の用法上の特徴をある程度把握した。特に「変質用法」における「〜（さ）せていただく」は、本来用法から大幅に変貌したものであり、「慇懃無礼」の意思が非常に強い。また、ビジネス日本語文書における「〜（さ）せていただく」の謙譲語Bへの移行の傾向（謙譲語B化）について、ビジネス日本語会話にも類似している傾向が見られる。また、本章では「〜（さ）せていただく」の形式内に入る語の分析を試み、偏りの強い語の存在と「定着された表現」として使用されている用例が確認できたと言える。

1.4 ビジネス日本語文書における二重敬語「お伺いする」などについて

　第六章は、二重敬語について論じている。、「二重敬語＝誤用」と認識している学習者は少なくないが、慣用的に定着している表現が存在しており、たとえ形式上は二重敬語と判断されるものであっても、必ずしもその表現が「誤用」であるとは限らない。そこで、第六章は、6冊のビジネス日本語マニュアル本における二重敬語「お伺いする」「お伺い申し上げる」「お伺いいたす」を取り上げて、ビジネス日本語文書における二重敬語「お伺いする」「お伺いいたす」「お伺い申し上げる」の使用傾向を概観した。6冊のビジネス日本語マニュアル本から該当する用例は計62例見られる。現代におけるビジネス日本語文書では、「お伺いする」「お伺いいたす」「お伺い申し上げる」が一般的に使用されているが、例文が見られないマニュアル本も存在していることから、この3形式について、使用を避けた方がよいと考える人もいる可能性があると考えられる。

1.5 日中謙譲表現についての対照研究

　第七章は、ビジネス日本語における謙譲表現と商務中国語における謙辞について論じている。本章では、まず6冊の商務中国語例文集を取り上げ、商務中国語における謙辞の使用状況を確認し、ビジネス日本語における謙譲表現と比較した。

　結果から言うと、現代中国語における商務中国語では、謙譲表現の使用が少ないと言えよう。それに比べて現代日本語におけるビジネス日本語では、謙譲表現は数多く使用されている。実際、今回の6資料から「接受」の謙譲表現である「承」と「蒙」の使用例は僅か3例しか見られず、実に少ないと言える。それに対して、ビジネス日本語の場合、各種の謙譲表現の使用が多数見られる。今回は対照のために「接受」の同意語である「受ける」の謙譲表現「頂戴する」の一表現だけを取り上げて、6資料のビジネス日本語マニュアル本の「頂戴する」の出現数を調査した結果、48例

の使用例が見られたことから、同じ意味の謙譲表現でも、言語習慣の違い
によって、異なる言語での使用数に大差があるということが推測できると
言えよう。

　また、中国語における謙譲表現は、まだ曖昧と言える部分も存在してい
る。例えば「承」のような語は、一部の資料は「謙辞」と解釈しているが、「敬
辞」と解釈する資料もある。また、ビジネス日本語で謙譲表現を使用する
べきと思われる文や場面は、商務中国語では必ずしも謙譲表現が使用され
ているとは限らないと言えよう。

　最も著しいのは、商務中国語における謙譲表現の使用頻度は、ビジネス
日本語における謙譲表現よりはるかに少ないことである。これは、現代中
国語の変化に影響された結果であると推測できる。

1.6 ビジネス日本語教科書における謙譲表現について

　第八章は、4冊のビジネス日本語教科書を取り上げ、ビジネス日本語教
科書における謙譲表現の使用状況について考察・研究を行った。本章に
おける謙譲表現の用例総数は971例である。971例のうち、謙譲語Ⅰの
用例数は563例であり、謙譲語Ⅱの用例数は349例である。また、謙譲
語Ⅰ兼謙譲語Ⅱの用例数は59例である。全体的に言えば、対外的場面に
おける用例数は圧倒的に多く見られる。社外文書しかない資料Dを除い
ても、対外的場面における謙譲表現の用例数は600例ほど存在している。
それに対して、対内的場面における謙譲表現の用例数は僅か78例しか存
在しない。また、教科書における文書と会話の両方を調査することにより、
両者の使用傾向に差が存在することが確認できた。

　本章の調査によれば、ビジネス日本語教科書における謙譲表現について、
現代日本語社会における謙譲表現の特徴や使用傾向を充実に反映している
と言えるが、現代日本語社会における謙譲表現の特徴や使用傾向と相違す
るところも存在している。一部の形式について、本章の調査資料には、用
例が見られない。例えば、謙譲語Ⅰ特定形の「存じ上げる」「…いただく」

「お目にかかる」「お目にかける」「頂戴する」「拝〜する」の用例が見られず、謙譲語II特定形の「いたす」「存じる」の用例も見られない。また、ビジネス日本語は一般の日本語教育と相違する部分が存在すると思われ、特に単語などについて、普通のテキストではあまり出てこない用語が、ビジネス日本語教科書では大量に使用される可能性が考えられる。実際、日本語読解学習支援システム（チュウ太）で確認すると、本章の用例に現れる謙譲表現の形式内に入る語の中では、「督促」「決済」「快諾」「立替払い」「受領」「書簡」「拝察」「拝受」「拝承」「発注」「入荷」などのような、いかにもビジネスに関係する用語が存在しているが、いずれも「級外」と認定されている。これらの語に対して、特別に説明・解説する必要があると思われる。また、「お伺いする」などのような習慣として定着している二重敬語も存在している。このようなポイントについて、学習者に誤解をもたらす可能性もないとは言えないので、より全般的な内容を踏まえて授業に取り組む必要があると思われる。

1.7 ビジネス日本語における「お（ご）…する」「お（ご）…申し上げる」「お（ご）…いたす」について

第九章は、「お（ご）…する」「お（ご）…申し上げる」「お（ご）…いたす」について、どのように使い分けるかを説明するために、まずはビジネス日本語場面における3形式の使用傾向や相違点などを考察する必要があると考えられる。本章ではビジネス日本語文書とビジネス日本語会話の二つの面から、「お（ご）…する」「お（ご）…申し上げる」「お（ご）…いたす」の使用状況を把握することを目的とする。そのため、本章では5冊のビジネス日本語マニュアル本と5点の経済小説を調査して、現れる「お（ご）…する」「お（ご）…申し上げる」「お（ご）…いたす」の用例を考察した。

結論として、ビジネス日本語文書とビジネス日本語会話における「お（ご）…する」「お（ご）…申し上げる」「お（ご）…いたす」の使用上の違いが存在することを指摘した。ビジネス日本語マニュアル本の場合、いずれも

対外的場面における用例が対内的場面における用例より多く、「お（ご）…申し上げる」は最も多く使用されている形式である。また、ビジネス日本語マニュアル本における「願う」は全資料・全形式において、形式内に入る語として最も多く使用されている。「かける」は、「お（ご）…する」「お（ご）…いたす」の形式内に入る例は多数見られるが、「お（ご）…申し上げる」との共起は５例しか見られない。「喜ぶ（慶ぶ）」「礼」は「お（ご）…申し上げる」と共起して「お喜び申し上げます」「お礼申し上げます」のような定型文として使用される傾向があるため、他の二形式「お（ご）…する」「お（ご）…いたす」と共起する例文は存在しない。「（お）悔み」「追悼」「弔意」「祈念」など、弔事に関する語は「お（ご）…申し上げる」に入ることは可能であるが、「お（ご）…する」「お（ご）…いたす」との共起は見られない。

　ビジネス日本語マニュアル本の考察結果と異なって、経済小説における「お（ご）…する」「お（ご）…申し上げる」「お（ご）…いたす」の用例はある程度存在しているが、ビジネス日本語マニュアル本と比べると、出現数が少ないと言えよう。また、ビジネス日本語マニュアル本と違って、経済小説における「お（ご）…する」「お（ご）…申し上げる」「お（ご）…いたす」の３形式のなかで、「お（ご）…する」は最も多く使用されている形式であり、「お（ご）…申し上げる」の用例はほぼ見られないという特徴が認められる。

2. これからの課題

　前節において、本論の結論をまとめた。しかし、幾つかの問題点とこれから更に研究すべきところが存在しているため、ここでは、本書の今後の課題として挙げる。
①　本書は現代ビジネス日本語における謙譲表現について、全体的な使用実態を考察したが、現代に至るまでの変遷などについて、今回の研究で

は触れていないため、今後は、近代の商業文における謙譲表現の使用実態などについて、研究・考察する必要があると思われる。

② 本書では「〜（さ）せていただく」の形式内に入る語の分析を試み、偏りの強い語の存在と「定着した表現」として使用されている用例が確認できた。しかし、「〜（さ）せていただく」の使用上の変化の全貌を掴むために、形式内に入る語だけではなく、文の全体や話者の関係などの要素についても考察する必要があると考えられる。同じ形式内に入る語でも、会話場面の違いや話者の発話動機の違いによって、産出した文の性質も大きく変化する可能性は存在する。今後も文脈と形式内に入る語を合わせて考察する必要があると考えられる。

③ 中国大陸地域は 1950 年代以降に謙辞の使用が減る一方であるため、商務中国語も中国語社会の一部である以上、その変化に影響されて今のような使用状況になっているのも不思議ではない。このような変化は、人々の言語に対しての意識変革によるものか、それとも社会的環境の変化によるものか。また、学習者はどのように両言語の相違を理解させるのか、それらのことについて更に研究する必要がある。

④ 二重敬語について、本書は主に「お伺いする」などを取り上げたが、他にも習慣として定着している二重敬語が存在しており、或いはこれから新たな表現が現れる可能性も考えられる。これらの表現はこれからどう発展していくのか、考察する必要があると考えられる。

⑤ 「お（ご）…する」のように、謙譲の度合いが希薄化しつつある謙譲表現について、これからの用法上の変化（「〜（さ）せていただく」の謙譲語 B 化など）などを含めて、更に調査を行いたい。

参考文献

▽第一章

宮地裕（1965）「敬語の解釈：主としていわゆる「謙譲語」とその周辺」『ことばの研究』秀英出版

宮地裕(1968)「現代敬語の一考察」『国語学』第72集

宮地裕（1971）「現代の敬語」『講座国語史　第五巻　敬語史』大修館書店

日本大辞典刊行会（1972初版）『日本国語大辞典』小学館

辻村敏樹（1977）「日本語の敬語の構造と特色」『敬語』岩波書店

柴田武(1989)「日本語言語学第五回　敬語の網に絡まっている日本人―その一」『月刊日本語』アルク

辻村敏樹（1992）『敬語論考』明治書院

菊地康人(1997)『敬語』講談社学術文庫

小池生夫（他）（2003）『応用言語学事典』研究社

文化審議会（2007）『敬語の指針』文化審議会答申

諸星美智直（2012）「日本語ビジネス文書学の構想－研究分野と研究法－」『国語研究』第75号

任麗潔（2012）「中国高等教育の専攻日本語教育における「敬語教育」に関する調査報告－学習者・教科書・教師という三つの視点から－」『待遇コミュニケーション研究』第9号113－128

粟飯原志宣（2017）「再考：ビジネス日本語の定義と領域」『ビジネス日本語教育の展開と課題：世界の日本語研究と日本語教育』

日本語学会（2018）『日本語学大辞典』東京堂出版

叶希（2018）『ビジネス日本語における条件表現：日本語教育の観点から』郵研社

周乗風（2019）『ビジネス日本語における感謝表現』郵研社

薛静（2020）『近代日本語教科書における謙譲表現』郵研社

江村裕文（2020）「日本語の「敬語」:「丁重語」について」『異文化 . 論文篇 』(通号 21)

呉雨（2021）『ビジネス日本語における副詞の研究』郵研社

朱大江（2022）『現代ビジネス文書における副詞について : ビジネス日本語教育の視点から』郵研社

▽第二章

小松寿雄（1967）「「お…する」の成立」『国語と国文学』44

林四郎　他（1973）「現代敬語の問題点と敬語の将来（座談会　司会：大石初太郎　出席者：奥山益朗、北原保雄、沢田允茂、戸塚文子)」『敬語講座　第6巻（現代の敬語)』明治書院

辻村敏樹（1992）『敬語論考』明治書院

菊地康人（1997）『敬語』講談社学術文庫

菊地康人（1997）「変わりゆく「〜（さ）させていただく」」『特集 ポライトネスの言語学—敬語行動の今を探る』大修館書店

田中章夫（2002）『近代日本語の語彙と語法』東京堂

文化審議会（2007）『敬語の指針』文化審議会答申

松本修（2008）「東京におけるさせていただく」『国文学』第 92 巻

諸星美智直（2012）「日本語ビジネス文書学の構想－研究分野と研究法－」『国語研究』第 75 号

李諼珍（2015）「衆議院における「させていただく」の使用実態とその用法の変化について－『国会会議録検索システム』を利用して－」『日本語学会2015 年度秋季大会予稿集』

譚　新珂（2019）「ビジネス日本語文書における「~(さ)せていただく」について : ビジネス日本語マニュアル本を中心に」『国学院大学日本語教育研究』第 10 号

譚新珂（2020）「ビジネス日本語会話における「〜（さ）せていただく」について－経済小説を中心に－」『国学院大学日本語教育研究』11　国学院大学日本語教育研究会

金美貞（2020）「国会会議録における丁重語の使用実態」日本語文學（90）

▽第三章

菊地康人（1997）『敬語』講談社学術文庫

菊地康人（2010）『敬語再入門』講談社学術文庫

文化審議会（2007）『敬語の指針』（答申）https://www.bunka.go.jp/keigo_tousin.pdf

金美貞（2020）「国会会議録における丁重語の使用実態」『日本語文學』90　日本語文學會（韓国）

譚新珂（2020）「ビジネス日本語会話における「〜（さ）せていただく」について－経済小説を中心に－」『国学院大学日本語教育研究』11　国学院大学日本語教育研究会

譚新珂（2023）「ビジネス日本語文書における「謙譲表現」について－ビジネス日本語文書マニュアル本を中心に－」『國學院大學大学院文学研究科論集』50　国学院大学大学院

▽第四章

司馬遼太郎（1990）『街道をゆく〈24〉近江・奈良散歩』朝日文庫

菊地康人（1997）『敬語』講談社学術文庫

菊地康人（1997）「変わりゆく「〜（さ）させていただく」『特集 ポライトネスの言語学』

池上彰（2000）『日本語の大疑問』講談社

茜八重子（2002）「「〜（さ）せていただく」について」『講座日本語教育』38巻 早稲田大学日本語研究教育センター

宇都宮洋子（2004）「「〜（さ）させていただく」の定型表現に関する調査」『待遇コミュニケーション研究　第2号』

松本修（2008）「東京における「〜（さ）させていただく」」『国文学』関西大学国文学会

北原保雄（2010）『明鏡国語辞典 第二版』大修館書店

伊藤博美（2011）「「〜（さ）させていただく」表現における自然度と判断要因」『日本語学論集 第七号』双文社

李諼珍（2015）「衆議院における「させていただく」の使用実態とその用法

の変化について－『国会会議録検索システム』を利用して－」『日本語学会
2015年度秋季大会予稿集』

椎名美智（2021）『「させていただくの語用論」－人はなぜ使いたくなるか－』
ひつじ書房

椎名美智・滝浦真人（2022）『「させていただく」大研究』くろしお出版

▽第五章

司馬遼太郎（1990）『街道をゆく〈24〉近江・奈良散歩』朝日文庫

菊地康人（1997）『敬語』講談社学術文庫

菊地康人（1997）「変わりゆく「～（さ）させていただく」」『特集 ポライトネ
スの言語

茜八重子（2002）「「～（さ）せていただく」について」『講座日本語教育』38
巻 早稲田大学日本語研究教育センター

宇都宮洋子（2004）「「～（さ）させていただく」の定型表現に関する調査」『待
遇コミュニケーション研究』第2号

文化審議会答申（2007）『敬語の指針』文化庁 HP（http://www.bunka.go.jp/
index.html）

松本修（2008）「東京における「～（さ）せていただく」」『国文学』関西大学
国文学会

李ヒョン珍（2016）「衆議院の予算委員会における「させていただく」の使用
実態とその用法の変化について：『国会会議録検索システム』を利用して」『言
語の研究』第3号　首都大学東京言語研究会

譚新珂（2018）「ビジネス日本語文書における「～（さ）せていただく」につ
いて：ビジネス日本語マニュアル本を中心に」『国学院大学日本語教育研究』
10号　国学院大学日本語教育研究会

椎名美智（2021）『「させていただく」の語用論－人はなぜ使いたくなるのか－』
ひつじ書房

▽第六章

菊地康人（1994）『敬語』角川書店 [2010、講談社学術文庫から再刊]

菊地康人（1996）『敬語再入門』丸善ライブラリー [1997、講談社学術文庫から改訂再刊]

文化審議会（2007）『敬語の指針』文化庁ウェブサイト（https://www.bunka.go.jp/keigo_tousin.pdf）

諸星美智直（2012）「日本語ビジネス文書学の構想－研究分野と研究法－」『国語研究』第 75 号

文化庁『国語に関する世論調査』文化庁ウェブサイト

（https://www.bunka.go.jp/tokei_hakusho_shuppan/tokeichosa/kokugo_yoronchosa/index.html）

▽第七章

符淮青（1992）「敬语如何表" 敬 "」『语文建设』语文出版社

菊地康人（1997）『敬語』講談社学術文庫

刘宏丽（2001）『现代汉语敬谦辞』北京语言文化大学出版社

刘恭懋（2002）『古代礼貌语词荟释』贵州人民出版社

周探科（2004）「敬谦词的误用」『应用写作』长春理工大学

马庆株（2004）『忧乐斋文存 : 马庆株自选集』南开大学出版社

文化審議会（2007）『敬語の指針』

黄丽琼（2008）「浅谈中日敬语」『科技信息』西安外事学院

諸星美智直（2012）「日本語ビジネス文書学の構想－研究分野と研究法－」『国語研究』第 75 号

叶希（2015）「ビジネス日本語における条件表現」『国学院大学日本語教育研究』国学院大学日本語教育研究編集委員会

曾小燕（2015）「汉语礼貌用语的研究现状及其分类」『郑州航空工业管理学院学报』郑州航空工业管理学院

周乗風（2016）「ビジネス文書における感謝表現の対照研究」『国学院大学日本語教育研究』国学院大学日本語教育研究編集委員会

▽第八章

宮地裕（1968）「現代敬語の一考察」『国語学』第 72 集

菊地康人（1997）『敬語』講談社学術文庫

文化審議会（2007）『敬語の指針』文化審議会答申

諸星美智直（2012）「日本語ビジネス文書学の構想－研究分野と研究法－」『国語研究』第75号

任丽洁（2013）「关于日语中敬语动词的教学探讨——基于日剧中敬语动词的定量调查」『日语学习与研究』北京对外贸易学院

日本語学会（2018）『日本語学大辞典』東京堂出版

叶希（2018）『ビジネス日本語における条件表現：日本語教育の観点から』郵研社

周乗風（2019）『ビジネス日本語における感謝表現』郵研社

薛静（2020）『近代日本語教科書における謙譲表現』郵研社

呉雨（2021）『ビジネス日本語における副詞の研究』郵研社

朱大江（2022）『現代ビジネス文書における副詞について：ビジネス日本語教育の視点から』郵研社

譚新珂（2023）「ビジネス日本語文書における「謙譲表現」について‐ビジネス日本語文書マニュアル本を中心に‐」『文学研究科論集』國學院大學大学院文学研究科

日本語読解学習支援システム　リーディングチュウ太（https://chuta.cegloc. tsukuba.ac.jp/）

▽第九章

小松寿雄（1967）「「お…する」の成立」『国語と国文学』44（4）　東京大学国語文学会

小松寿雄（1968）「「お…する」「お…いたす」「お…申し上げる」の用法」『近代語研究』第2集　近代語学会

田中章夫（2002）『近代日本語の語彙と語法』東京堂出版

菊地康人（2010）『敬語再入門』講談社学術文庫

伊藤博美（2018）「近・現代の謙譲語形式の消長とその背景－「お/ご〜」の四形式－」『近代語研究』第20集　近代語学会

譚新珂（2023a）「ビジネス日本語文書における「謙譲表現」について‐ビジネ

ス日本語文書マニュアル本を中心に -」『文学研究科論集』國學院大學大学院
文学研究科

譚新珂（2023b）「経済小説におけるビジネス日本語会話にあらわれる謙譲語に
ついて」『国学院大学日本語教育研究』国学院大学日本語教育研究会編集委員
会

調査資料

▽第二章

志田唯史 (2003)『最新決定版！ CD-ROM 付きビジネス文書基本文例 230』オー
エス出版

西出ひろ子(2020)『イラストでまるわかり！入社 1 年目ビジネス文書の教科書』
プレジデント社

▽第三章

・経済小説類

池井戸潤 (2003『別冊文藝春秋』初連載)『オレたちバブル入行組』(2007 文庫本)
文春文庫

池井戸潤 (2006『別冊文藝春秋』初連載)『オレたち花のバブル組』(2010 文庫版)
文春文庫

安藤祐介 （2010 初出）『営業零課接待班』（2012 文庫版）講談社文庫

・別のジャンルの小説

今野敏 （2005）『隠蔽捜査』新潮社

重松清 （2005）『きみの友だち』新潮社

又吉直樹 （2013）『東京百景』角川文庫

理不尽な孫の手 (2014)『無職転生 - 異世界行ったら本気だす』KADOKAWA/
メディアファクトリー （小説家になろう （2012 初連載））

新海誠 （2016）『秒速 5 センチメートル』角川文庫

▽第四章

杉崎陽一郎（1977）『すぐに使えて、むだがない商業文の書き方』小学館

ワープロ文書研究会（1989）『ビジネスマンのためのワープロ商業文文例集』成美堂出版

倉澤紀久子（2006）『「できる！」と言わせるビジネス文書』かんき出版

横須賀てるひさ　諸星美智直（他）（2008）『そのまま使える ビジネス文書文例集（ダウンロード特典付き）』かんき出版

日本語文書研究会（2012）『超早引き！ビジネス文書の書き方文例500』主婦と生活社

神谷洋平（2014）『困ったときにすぐ使える！ビジネス文書 書き方＆マナー大事典』GAKKEN出版

谷綾子（2015）『いちばん伝わる！ビジネス文書の書き方とマナー』高橋書店

▽第五章

江波戸哲夫『集団左遷』（1993）祥伝社文庫（世界文化社（1993）初出）

高杉良『金融腐蝕列島』（1997）角川文庫

池井戸潤『銀行総務特命』（2002）講談社文庫

池井戸潤『オレたちバブル入行組』（2007）文春文庫（『別冊文藝春秋』（2003）初連載）

池井戸潤『株価暴落』（2007）文春文庫（『文藝春秋』（2004）初出）

池井戸潤『オレたち花のバブル組』（2010）文春文庫（『別冊文藝春秋』（2006）初連載）

江上剛『銀行告発』（2006）光文社文庫

池井戸潤『ロスジェネの逆襲』（2015）文春文庫（『週刊ダイヤモンド』（2010初連載））

江上剛『人生に七味あり』（2011）徳間文庫（『問題小説』（2011）初連載）

池井戸潤『銀翼のイカロス』（2017）文春文庫（『週刊ダイヤモンド』（2013初連載））

▽第六章

参考文献　　217

日本実業出版社（2002）『最新版会社文書・文例全書 800 文例 CD-ROM 付 』
　日本実業出版社

山瀬弘（2002）『必要な文書がすぐ見つかる CD-ROM 付きビジネス文書文例集』
　池田書店

長峰洋子、田辺麻紀（2003）『そのまま使えるビジネス文書 458 文例 in　CD-
　ROM』こう書房

志田唯史（2003）『最新決定版！ CD-ROM 付きビジネス文書基本文例 230』オー
　エス出版

横須賀てるひさ、藤井里美（2008）『そのまま使える「ダウンロード特典付き」
　ビジネス文書例集』かんき出版

鈴木あつこ（2010）『すぐに使え応用がきくビジネス文書文例事典』新星出版
　社

▽第七章
・中国出版の資料
『新丝路 商务汉语写作教程』（2009）北京大学出版社
『卓越汉语 公司实战篇』（2010）外语教学与研究出版社
『商务汉语 800 句』（2012）外语教学与研究出版社
『卓越汉语 商务写作（上册）』（2018）外语教学与研究出版社
『基础实用商务汉语（第三版)』（2018）北京大学出版社
『商务汉语写作教程』（2019）北京语言大学出版社

・日本出版の資料
八角高茂・李平『中国語ビジネスレター実例集』（1998）語研

日本実業出版社（2002）『最新版会社文書・文例全書 800 文例 CD-ROM 付 』
　日本実業出版社

山瀬弘（2002）『必要な文書がすぐ見つかる CD-ROM 付きビジネス文書文例集』
　池田書店

長峰洋子、田辺麻紀（2003）『そのまま使えるビジネス文書 458 文例 in　CD-
　ROM』こう書房

志田唯史 (2003)『最新決定版！CD-ROM 付きビジネス文書基本文例 230』オーエス出版

横須賀てるひさ、藤井里美（2008）『そのまま使える「ダウンロード特典付き」ビジネス文書例集』かんき出版

鈴木あつこ（2010）『すぐに使え応用がきくビジネス文書文例事典』新星出版社

▽第八章

瀬川由美（他）（2008）『人を動かす！実戦ビジネス日本語会話』スリーエーネットワーク

沈媛媛（他）（2013）『礼仪商务日语会话』贵州大学出版社

阿部誠（他）（2015）『新编商务日语综合教程』东南大学出版

宋健榕（他）（2007）『商务日语 - ビジネスマンのための日本語会話』世界图书出版公司

▽第九章

・ビジネス日本語文書マニュアル本

志田唯史 (2003)『最新決定版！CD-ROM 付きビジネス文書基本文例 230』オーエス出版

長峰洋子（2003）『そのまま使えるビジネス文書 458 例 in CD-ROM』こう書房

ビジネス文書マナー研究会（2006）『すぐに使えるビジネス文書実例集』ナツメ社

横須賀てるひさ他著　諸星美智直他監修（2008）『そのまま使える ビジネス文書文例集（ダウンロード特典付き）』かんき出版

西出ひろ子(2020)『イラストでまるわかり！入社 1 年目ビジネス文書の教科書』プレジデント社

・経済小説

高杉良（1997）『金融腐蝕列島（上、下）』KADOKAWA・角川文庫

池井戸潤（2007）『オレたちバブル入行組』文藝春秋・文春文庫

池井戸潤（2010）『オレたち花のバブル組』文藝春秋・文春文庫

安藤祐介（2012）『営業零課接待班』講談社・講談社文庫

江上剛（2015）『銀行支店長、走る』実業之日本社・実業之日本社文庫

・使用辞書

『辞海』（1979）上海辞书出版社

『敬词婉词谦词词典（增补本)』(2010) 商务印书馆

『现代汉语词典　第七版』(2016) 商务印书馆

謝　辞

　本書の執筆にあたり多くの方々のご指導、ご支援を賜りまして、心より感謝の意を表します。特に、指導教授である國學院大學教授諸星美智直先生に深く感謝しております。博士課程在学中、研究の進め方や枠組みについて有益な助言をいただき、何度も丁寧にご指導をいただきました。そして、投稿雑誌や学術発表の機会をたくさんくださいまして、ご多忙中にもかかわらず、論文原稿や発表資料などを丹念にご添削くださいました。心よりお礼申し上げます。誠にありがとうございました。

　また、研究を進めるにあたり、國學院大學教授菊地康人先生と東京学芸大学教授北澤尚先生には大変お世話になりました。何度も貴重なご助言とご指導をいただきましたこと、心よりお礼申し上げます。坂本薫先生、竹内はるか先生からもたくさんのご支援をいただきました。深く感謝いたします。最後に、留学生活を支えていただいた親族、友人、そして國學院大學大学院事務課の方々にも感謝いたします。

　言葉だけではとても表し切れませんが、本当に、ありがとうございました！

　なお、本書は、國學院大學博士論文出版助成金の交付を受けたものであることを申し添えます。

〈著者紹介〉

譚　新珂 （タン　シンカ）

　1987年、中国貴州省貴陽市の生まれ。2006年貴州師範大学入学後、2008年福山大学に編入され、2011年学位取得卒業。卒業後、貴州財経大学現代教育技術センターに入職した。2014年國學院大學大学院文学専攻高度国語・日本語教育コースに入学し、2016年学位取得修了。2016年から2019年まで、貴州財経大学外国語学院で勤務、「日語汎読」「日語写作」「日本文化与簡史」などの科目を担当。教職以外にも、学科管理秘書、科研秘書、研究生（院生）管理秘書として勤務。

　2019年再び日本に戻り、國學院大學大学院博士後期課程に入学して、2024年学位取得修了。

　現在、貴州財経大学外国語学院在職中。

▽これまで発表した論文

譚新珂（2019）「ビジネス日本語文書における「～（さ）せていただく」について：ビジネス日本語マニュアル本を中心に」『国学院大学日本語教育研究10号』国学院大学日本語教育研究会編集委員会編

譚新珂（2020）「ビジネス日本語会話における「～（さ）せていただく」について：経済小脱を中心に」『国学院大学日本語教育研究11号』国学院大学日本語教育研究会編集委員会編

譚新珂（2021）「ビジネス日本語文書における二重敬語「お伺いする」などについて」『国学院大学日本語教育研究12号』国学院大学日本語教育研究会編集委員会編

譚新珂（2021）「日中謙譲表現についての対照研究：商務中国語とビジネス日本語を中心に」『国学院大学大学院紀要53巻』国学院大学大学院

譚新珂（2023）「ビジネス日本語文書におけるについて「謙譲表現」－ビジネス日本語文書マニュアル本を中心－」『国学院大学文学研究科論集51号』国学院大学文学研究科

譚新珂（2023）「経済小説におけるビジネス日本語会話にあらわれる謙譲語について」『国学院大学日本語教育研究14号』国学院大学日本語教育研究会編集委員会編

譚新珂（2023）「ビジネス日本語における「お（ご）…する」「お（ご）…いたす」「お（ご）…申し上げる」について」『国学院大学大学院紀要55巻』国学院大学大学院

譚新珂（2023）「ビジネス日本語教科書における謙譲表現について」『日本言語文化研究：「アジア日本言語文化研究会」機関誌9』アジア日本言語文化研究会（日本部会）編

ビジネス日本語における謙譲表現

2025 年 1 月 23 日　初版発行

著　者　譚　新珂　ⓒ TAN SHINKA
発行者　登坂　和雄
発行所　株式会社　郵研社
　　　　〒106-0041　東京都港区麻布台 3-4-11
　　　　電話 (03) 3584-0878　FAX (03) 3584-0797
　　　　ホームページ http://www.yukensha.co.jp

印　刷　モリモト印刷株式会社

ISBN978-4-907126-73-5　　C3037　　　　　字数 182,952
2025 Printed in Japan
乱丁・落丁本はお取り替えいたします。